CARE
Good Care ,
Good Living

CARE
Good Care,
Good Living

CARE
Good Care ,
Good Living

CARE

Good Care ,
Good Living

CARE
Good Care ,
Good Living

care 20

深層溝通
與靈魂對話

作　　者：林顯宗
責任編輯：劉鈴慧
美術設計：何萍萍
法律顧問：董安丹律師、顧慕堯律師
出 版 者：大塊文化出版股份有限公司
　　　　　台北市10550南京東路四段25號11樓
　　　　　www.locuspublishing.com
讀者服務專線：0800-006689
TEL：(02) 87123898　FAX：(02) 87123897
郵撥帳號：18955675
戶　　名：大塊文化出版股份有限公司
版權所有　翻印必究

總 經 銷：大和書報圖書股份有限公司
地　　址：新北市新莊區五工五路2號
　　　　　TEL：(02) 89902588 (代表號)　FAX：(02) 22901658
製　　版：瑞豐實業股份有限公司
初版一刷：2012年7月
初版十二刷：2019年8月
定　　價：新台幣280元
ISBN：978-986-213-344-6
Printed in Taiwan

深層溝通
與靈魂對話

作者：林顯宗

目錄

序

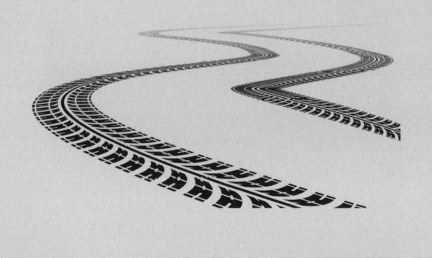

從「心」下手，才能治本

陳履安

　　認識本書作者林顯宗先生已有十多年了，顯宗學習佛法多年，很有慧根。

　　十多年前，他曾經營佛教文物事業，並於大道場擔任護法會會長多年，他告訴我：「在道場看見好些人，經常一再的找老和尚講他們的煩惱，我一直在想，有什麼方法可以幫助他們？」

　　顯宗將東西方的心理學結合，運用唯識學的理論和心理諮商的方法，形成一個有實效的溝通法。過程中，也能使人更深刻的認識生命。

　　顯宗這十多年來，他在台海兩岸、新馬地區以及美國、日本等地，教授自己研發的課程，也寫了不少書。他的課程理論源自於佛法的《唯識學》，唯識是佛法裡的心理學，也是唐朝玄奘法師西行取經回中土後，第一部翻譯

成華文的重要經典。顯宗針對各種人的心靈狀態，設計各種指令步驟，研發出「唯識深層溝通」這個簡單易學的方法，並用這套方法，培養出專業溝通師，在世界各地華人地區，引導人們往心中探索，找到內心煩惱的根源！

　　佛法講：「法由心生」、「萬法唯心」、病也是由心生的。我們看現今社會上，文明病如憂鬱症、躁鬱症、恐慌症……層出不窮，醫療系統窮心竭力所能做的，也只是在「果」上下功夫，從佛法的角度來看，這必須從人們的「心」下手，才能治本。

疾病的「因」是什麼？就是「存在心田中的種子，活了起來」！

　　我們每天日常生活上的一切，都離不開我們的心，我們能心存善念，凡事不與人計較，碰上和別人的矛盾或爭執時，吃虧點也沒關係。時時心平氣和，不去激發心田中的種子，那麼，自然身心愉悅；縱使身體有病，身體的病自然而然也會由於心中平靜、安樂而跟著有所改善了。這也就是顯宗序中所說的「能治好自己疾病，一定是個案自

己」的根本原因！

　　在這本書中也提到許多真實的溝通案例，每個案例都是令人感動的生命故事。經歷人世間如是多的悲苦，如果我們每個人都能在「因」上下功夫，也就是在根本的「心」上去用功，用寬闊及包容的心，面對人世間一切事物，那麼，就會如前人所說的「福雖未至，禍已遠離」！

　　顯宗也嘗試在這本書中，提供給讀者諸君，在面對不同肉體疾病時，可以用自我溝通的方法及步驟協助自己，大家不妨嘗試看看，就用科學的方法，親自依書中的方法去體驗，唯有親身體驗到了，其中獲得的領悟及對人生更深刻的認識才是真實的。

深層溝通的前世體驗

江本勝

　林顕宗先生と私との現世上でのお付き合いは、6年以上前に始まった事ですが、二人の関係が単なる友人関係では無く、遠い前世において大変浅からぬ関係にあったという事を認識したのは、2011 年 1 月 15 日の事でした。

　特に 2009 年 4 月、林顕宗さんに誘われ、「心の力」というテーマについて台湾とマレシアにて合計 6 回ほどのアジア講演会を行われました。毎回の講演会には林さんと私がそれぞれの心と水について、ご出席の皆様と交流しました。初めての同ステージ講演会で、言葉の通じない二人でしたが、通訳とおしてのおかげもあって、心通じ合って、笑い声ばかりの楽しい講演会でした。未だにその時の風景を思い出すと懐かしく思います。特にク

アラルンプールでの講演会が 3000 人ほどのご来賓が集
まり、私のかつての講演会の中で最も出席の多い講演会
でした。林さんが人間の心に対してあんなに深い洞察力
を持ちしていることに心より深く感心しております。そ
れに毎回の講演会には、二、三十人程のボランティアが
集まり、台湾からやマレシア現地などの林さんの学生、
既にカウンセラーになった生徒達が多くの方が付いて来
て、あっちこっち"林先生"という呼び声が続き、それ
が不思議に思う同時に私にも非常に情熱を感じました。
その情熱は私が台湾に対する情熱と同じです。

　私はかねてから、自分の過去生に大変興味が有り、
それを的確に知る方法は無いかと探し求めていました。
自分の現在の人格、知識、性格を考える時にその源はけ
して現世から来たものではなく、過去生と言うものを想
定しなければあり得ない事ばかりであると、思っていた
からです。

　そのような思いを、私はオーストリアのハンス・シ
ンドラー氏にぶつけてみました。彼が開発した波動アス
トレアと言う波動機器に、過去生探索機能を付ける事は

出来ないだろうかと言う思いです。彼はしばらく考え
て、過去生探索のためのソフトを提供して貰えれば、そ
れは可能だが、そのような専門家がいるかどうかを聞い
てきました。

　私はその時即座に林顕宗先生の名前を出し、その時
摯で過去生探索のための機器開発のプロジェクトチーム
が結成されたのです。

　2011 年 1 月 15 日、林顕宗先生、ハンス・シンドラ
ー氏 そして私が、東京の私のオフィスに集結しました。
そして 3 人でいろいろと話し合いその後台湾で発表され
た Threecorder の製作のための青写眞が話し合われたの
です。その時に、私は自らモデルを買って出て、林先生
によるセッションを体験させて頂きました。

　カウンセラーである林先生から矢継ぎ早にいろいろ
な質問がされます。私はただそれに対して、はい、いい
えと答えてゆきますが、その内に何かにスイッチが入る
ような感じで、具体的な出来事、それに対しての想いが
思い出されてきたのです。

　その時の模様を以下に報告させて頂きます。

　　林：まず目を閉じて、深く深呼吸を何回かして下さい。そしてリラックスして脳裡に光を感じるようにイメージして下さい。それでは、質問です。ご有親は健在ですか？

　　江本：いえ、二人とも他界しました。

　　林：お父さんに対して、何か思い出がありますか？

　　江本：ひとつ申し訳ないことをしました。テレビのチャンネル　いで、僕がお父さんを小突いてしまったのです。（このセッションは、母親が亡くなった時など色々な過去のネガティブな記憶を呼び起こされるものばかりでした。それは、自分が現生の過去において最も後悔したこと、嫌だと思ったことなどを思い起こされる2時間余りとなりました。その嫌だったことのひとつに、物心ついたときから見始めた悪夢が有りました。）

　　林：それでは、2次元を始めましょう。あなたの一番好きな歌は何ですか？

　　江本：「昴」という歌です。

　　林：それでは、それを今歌って下さいますか？

　　江本：ラララララララララララ♪（何の抵抗も無く

すらすらと歌いだす。案外長い歌ですが、本当に好きな
歌なので抵抗無く全部歌いきることが出来ました。）

　林：ほう、お上手ですね。

　江本：（また歌いだす。結局10回くらい歌わされる
ことになりましたが特に苦痛はありませんでした。歌う
ことは好きだし、大好きな歌だからでしょう。そして目
を閉じて、歌っているうちに段々ゆったりとした気持ち
になり、その歌詞の世界に入り頓むようになりました。
何度も何度もこの歌を歌っているうちに、私はいつも涙
が出て、声が震えて歌えなる部分があることに気づきま
した。それは、「我は行くさらば昴よ」という歌詞の最
後の部分でした。）

　林：では次に、あなたはこの星（昴、プレアディス）
に居たことはありますか？

　江本：はい、あります。（と躊躇無く答える自分が
そこに居ました）

　林：どんな星でしたか？

　江本：水の星でした。

　林：あなたはそこで何をしていましたか？

　　江本：皆のリーダーでした。

　　このようにして、私の前世は林先生のご指導によっ
て、徐々に解き明かされていきました。

　　この林先生によるセッションが終わった時、私と林
先生はどちらからともなく抱き合い、泣きあいました。
はるか、プレアディスから分かれてから、無限の月日が
経って初めて我が同胞をこの地球と言う星で、確認し合
う事となったのです。

　　おー我が眞実の友よ！！供にふる里創成のために、
手を取り合い進んで行かん。

ー中文翻譯ー

　　林顯宗先生和我是在六年多前才認識的，後來我才知
道，原來我們兩個人的關係不只是一般的普通朋友，而是
源自於很久很久以前的前世，並且有很深的因

　　緣，在 2011 年 1 月 15 日才知道

　　在 2009 年 4 月，我受林顯宗先生之邀，分別在台灣
及馬來西亞共舉辦六場「心念的力量」亞洲巡迴演講。每

場演講活動中，大會安排林先生與我兩人分別就心念與水，與現場來賓互動交流，我們兩人第一次同台演講，彼此語言不通，但藉由翻譯卻默契十足，大家笑聲不斷，過程實在令人喜悅，如今回想，心中仍然溫暖。

　　吉隆坡的那場演講來賓高達三千人，座無虛席，是我演講生涯中單場人數最高的一次！演講中，林先生對人心的深入洞見，也讓我深深佩服；每場多達二三十人的義務志工，也讓我嘖嘖稱奇。林先生遍滿台灣及馬來西亞的溝通師及學員們，不知道有多少，但在演講期間，只要和林先生一起走到那兒，都有人尊敬地稱呼他「林老師」，大家都很 nice 也對我非常熱情，和我對寶島台灣的印象一樣！

　　從很早以前，我就對自己的前世非常好奇，也一直在尋找，是否有個明確的方法或管道，可以讓我探討我的前世。因為我始終認為，我自己今生的人格特質、知識及性格，都不是今生所養成的，而是來自於前世因果的種種關係。

　　基於這樣的想法，在因緣際會下我認識了一位來自奧地利的波動科學家 Hans Schindler 先生。我突發奇想的提

出了一個構想：是否可以在他所開發的波動儀機器上，添加探索前世這個功能？

　　Hans Schindler 先生思考了之後告訴我：「如果能提供探索前世的理論及資訊內容的話，這個計畫是可行的，但需要有這方面專業人士的配合。」我馬上向他推薦台灣的林顯宗老師。

　　就是這樣的機緣，我們開始召集研究開發這部可以探索前世今生的儀器的計畫團隊。2011 年 1 月 15 日，在我東京的辦公室，林顯宗老師、Hans Schindler 先生和我，經過再三的研討之後，終於有個比較具體的製作藍圖，也就是後來我們在台灣發表的這台波動儀；並經由林老師的引導，讓我體驗了一次的深層溝通。

　　不愧是資深專業的林顯宗老師，很精準的接連問了我許多的問題。雖然當時我只針對林先生的問題，單純的做了「是」或「否」的回應，但在過程中，我似乎有被開啟某個開關的感覺，接連著浮現一幕幕的過往，也讓我漸漸的串連起過往完整具體的內容。

在這裡跟大家分享當時的溝通過程

　　林：「首先請你先閉上眼睛，並做幾次深呼吸，然後

放輕鬆，想像一道光給自己。接下來我想問你一個問題，
請問您的雙親還健在嗎？」

江本：「沒有，他們已經在別的世界了。」

林：「對於您的父親，有什麼事，是讓您印象比較深
刻的嗎？」

江本：「有一件我感到很愧疚的事情。當時為了爭奪
電視的主控權，我跟爸爸起了爭執。」在這一次的深層溝
通裡，我了解到因為母親的過世所帶給我的失落，以及在
那段時間裡所產生的種種負面情緒。而在那兩個多小時的
時間裡，我再次面對自己這輩子曾經感到後悔的事件，不
願意面對的事件。就連從我懂事以來，曾經經歷過的惡
夢，都在這次的深層溝通裡顯現出來。

林：「接下來我們進入二次元！你最喜歡哪一首歌？」

江本：「昂。」

林：「現在可以請唱一下這首歌嗎？」

江本：「ラララララララララララ……」我很自然的
就開始唱起了這首歌，這是一首非常長的歌，但因為我非
常喜歡這首歌，所以就很順的把它唱完了。

林：「哇，唱得很棒耶！」

　　又開始唱了起來。雖然我被要求唱了十遍左右，卻沒有感覺到特別的不耐煩，我想是因為我很喜歡唱歌，而且是唱一首我最愛的歌。接下來我閉上眼睛，在唱的過程當中，我漸漸的進入了一個放鬆的狀態，慢慢的我融入了歌詞的世界裡。一次又一次的唱著這首歌的同時，我發覺到某段歌詞會讓我流淚、聲音也會顫抖。尤其是唱到最後一句歌詞：我は行くさらば昴よ──我要走了，再見了昂宿星──的時候。

　　林：「接下來，請問您曾經在這個星球（昂，昂宿星）居住過嗎？」

　　我毫無猶豫的回答：「是，我曾經住在那裡！」

　　林：「是個什麼樣的星球呢？」

　　江本：「那是一個水的星球。」

　　林：「你曾經在那裡做什麼？」

　　江本：「是一位領導者。」就這樣經由林老師的引導，我終於一點一點的了解到我的前世。

　　在林老師親自引導的溝通結束後，我不禁與林老師相擁而泣，原來在很久很久以前，我們兩人從昂宿星分離後，又經過了無數的歲月，我們終於在這顆名為「地球」

的星球上相認重逢了……我最真摯的朋友啊，我們一定要
共同攜手努力，重建我們的故鄉！

江本勝

*受全球佛教界暨九大宗教景仰的上淨下空法師，在講經弘法
　中，一再推崇日本江本勝博士的水結晶研究成果，水是礦物，
　屬《華嚴經》中「有情無情同圓種智」的〔無情〕一類，法師
　認為水結晶研究體現了《心經》所言色、受、想、形、識五蘊
　一體。「色」是物質，是水；「受、想、形、識」是精神，所以
　水會對文字及圖片，產生不同感受而呈現不同的結晶，精神跟
　物質不能獨立、不能分開，是一體的。江本博士的水結晶研究
　成果，證明佛經所言真實不虛。
　淨空法師講經中提及江本博士水結晶研究的地方，請參閱《修
　華嚴奧旨妄盡還原觀》、《淨土大經解》及《淨土大經科註》、《大
　方廣佛華嚴經》、《金剛經》以及回答學員提問的上百集《學佛
　答問》。
　或請參閱淨空法師網站 http://www.amtb.org.tw/

*1999 年開始，江本勝博士出版了一系列相關著作，翻譯成中文
　版的包括《來自水的信息》、《生命的答案，水知道》與《幸福
　的真義，水知道》等。在這些著作中，發表了實驗結果，證明
　帶有「善良、感謝、神聖」等的美好訊息，會讓水結晶成美麗
　的圖形；而「怨恨、痛苦、焦躁」等不良的訊息，會出現離散
　醜陋的形狀。證明無論是文字、聲音、意念等，都帶有訊息的

能量。

＊補充說明：江本博士上文中所提到由林顯宗老師爲他溝通的部
分，僅節錄溝通二小時的片段，而非完整二小時的
過程。

被創化了的疾病

Hans Schindler

　　大約十二年前，我內心深處有一個聲音告訴我，需安排一個可以證明一種技術的機會。我深知這個機會對我而言非常重要，我信任自己的直覺，投入了「生物能量檢測」這個前所未有的新技術；這個令我著迷的技術，可以察覺出人體能量場不均衡的狀態。

　　我研究了許多醫學技術，如 X 光攝影、電磁輻射、超音波、顯微鏡、放射線及許多諧振裝置，這一切都只是為了發覺疾病。

　　為什麼我們會面臨疾病？疾病是從哪來的？最重要的是，到底有哪些抱怨及疾病，正在警醒著我們什麼樣潛藏的「心事」？

在我第一次參加長期合作夥伴，日本的江本博士研討
會中，他曾利用固定於共振箱上的兩支音叉，展示了共振
的原理。兩支音叉擺放相距一公尺，並設定共振頻率為
440 赫茲，當他敲擊其中一支音叉時，另一支音叉立即發
出同樣的聲音，這是一個對於共鳴現象非常簡單的驗證方
式。

聲音是一種頻繁的結構，是我們可以聽得見的，但也
有很多其它頻率，是我們聽不到的。為什麼我們會衍生意
見、想法或感受，那是因為我們正身處於這種波動的共振
中。生物能量檢測技術，是讓共振現象，真實呈現的偉大
工具之一，而我們現在可以藉由不同的波動，看到其中的
改變。

疾病是我們的身心能量及療癒結構，各種不
同失衡的結合，其中都有一個背景事件……

生活中我們有時會讓健康失衡，產生的原因很多，主
要是我們被自我的想法所控制。信任及愛，是最強的能量
結構之一，可以支援自我療癒系統，及維持我們的身體健

康。疾病則是我們的能量及療癒結構，各種不同失衡的結合，其中都有一個背景事件。

　　江本博士曾經提供一個讓我可以展現、驗證事實的機會，看我的技術是否可以發掘過往的因，呈現疾病的歷史及發現可能解決的方法？

依照我所獲得的資訊：

　　個案是一位 18 歲的年輕女孩，無法進行完整的表達，且個案並不在我身邊。

我做的是：

　　在一個安靜的環境，開始進行簡短的檢測，只用這個 18 歲年輕女孩的名字、年齡及性別等，輸入我設計的儀器中進行測試實驗。

研究結果呈現的是：

　　這女孩今生或前世的母親，曾經遭受性虐待。

　　這個檢測結果非常吸引我，但也發現了一些問題，需要找認識這女孩的人，才能確認我的研究。稍後我獲得了進一步的訊息：這女孩是被收養的，她從未完整的說過話，她只會叫嚷。

　　透過認識這女孩的人，我的研究紀錄更清楚了：

　　這個女孩的母親曾遭受性虐待，當她懷孕時，不想留下這個孩子，因為這個孩子並不是幸福婚姻的結晶。所以她將這小孩給人收養，但也從不願討論這最深層的秘密，卻帶給了她的小孩。因母親的想法緣故，這個女孩不想說話，所以喪失了學習說話的關鍵時刻。

　　包括這個個案在內的一些經驗，都告訴我們：「可以藉由共振，讓發生的原因被看見。」唯一重要的事實是，在共振作用下，資料庫內數以百計、千計的頻繁符號，應該是可以對應得起來；當對應越緊密，準確性越高。在我與林顯宗先生共同研發的波動儀器過成中，林先生建立了更多的資訊在資料庫中。

　　我們所遇見、接受的全部訊息結構，都是「痕跡」所遺留下來的，就像走過沙灘所留下的足跡。

　　我們的心靈、智慧或知識，是藉由學習資訊、依經驗進行比較，執行正確選擇後所成長的。我們的細胞、器官乃至整個身體才能工作。無論是透過舌頭或身體的表達，

其實都是我們所想的及所感受到的，都是連結的結果。我們所遇見、接受的全部訊息結構，都是「痕跡」所遺留下來的，就像我們走過沙灘所留下的足跡一樣。波動儀可針對我們過往的資訊呈現檢測結果，我們將這個資訊系統稱為「心靈波動檢測儀器」。不過這個儀器，林先生並沒用來對外販售，只是拿來印證他的理論是「與波動科學相印證」的，同時也頻繁用於個案溝通前後比對，以及提供更精準有效溝通的。

　　當我們可以在血液中看到微生物，或是在一個如波動儀的設備看到波動和足跡，必須知道我們的身體，或精神一定是有了什麼差錯？它們是一種訊息的傳遞，給我們的訊息，一定是有些東西失衡了。而這些弱點會降低我們的能量，這來自於許多我們忽略的想法或感受，比如失望、衝擊、不好的想法，以至於我們創化了疾病。

　　如果可以來學習對自己更關心，及早了解我們自身的弱點，就可以輕易的預防以避免生病。因為當我們陷入過往、或現在的負面訊息波動中時，是很容易就創化出意想不到疾病出來的。

在此也祝福各位朋友，都能擁有正面的想法、及活躍的能量！

Hans Schindler

＊在 Sperry Univac 專研負責數位設備，及奧地利醫院顯示裝置，如斷層攝影術和微調控制項。

＊曾經爲 Accuray Incorporated 全球領先的放射外科領域的造紙廠做測量，即時進行紙張品質視覺化。

＊1991 年曾受邀到波蘭，協助證實被展示的非線性分析系統的準確性和資料顯示是否眞確後，獲得醫療教授和醫生的協助對醫學資料以進行英翻德文，並建立資料庫。

＊1995 年研發第一台工地危害性視覺化系統 PIMEX。

＊2003 年英國皇家健康學會演講嘉賓之一。

＊Hans Schindler 經過累積的研究和開發經驗，研發一套「人體內的能量失調訊息以圖像方式呈現的生物能訊息分析系統」，其使用者遍及德國、奧地利、美國加州、列支敦士登、埃及、印尼等國家的現代醫學和醫療診所，提供醫療分析師和醫生作爲參考輔助軟體，根據系統所提供訊息，以探究和分析生理和能量平衡失調的原因，並有效的壓縮時間，同時給予健康預防建議。

目前已有超過一萬個人透過生物能訊息系統分析找到生理失調的成因，並重整身心能量和狀態。此系統概念已經發展到其他領域，如身體美容護理中心、渡假飯店、心靈教育、心靈諮詢

等，以達到整合身心靈的目的，讓更多人透過生理協調以更了
解自己和轉換自己。

治好個案真正的人，是他自己

林顯宗／自序

　　我個人研究人類心靈科學，並研發出「唯識深層溝通」技術，已經有數十年的時間，教授這項技術也超過十年了。

　　在這段時間內，被我服務溝通過的個案，將近兩千人，被我們全世界各地專業溝通師所服務的個案，也超過三十萬人次以上。這段時間內，我非常明顯的發現，每一個個案透過深層心靈溝通之後，打開了他的心結，清除他的心靈種子，幾乎每個人都有很不一樣的改變，不只在心靈、身體的疾病方面，更是明顯。

　　我們發現到很多身體的疾病，是來自於心靈的問題，當心靈有一些執著存在，這想法停滯了，內心便有個罣礙。而這些罣礙點沒有解套的話，那

麼不久之後，就會在肉體出現疾病的果相。也就是說「疾病是果，心靈才是因」，要解決疾病的果，必須要回溯過往，找到真正的因才對。

目前的主流醫學裡面，對這塊沒有那麼深層的了解，因為總是把人的肉體，用物質的層面來看待。所以目前的醫療方式就是「對治」這個疾病，比如：痛了就止痛，發炎了就消炎，發現腫瘤、要不就動手術切割，或者是做化療。我們常聽到很多的疾病治療觀念就是：藥物、注射、開刀、化療等等的觀念。

去醫院看病時，很少醫生會問：「告訴我，最近你發生了什麼事？」或者：「告訴我，你心中有什麼罣礙？」醫生不會問這種事，他只會問你：「哪裡不舒服？哪裡痛？多久了？」

不到五分鐘吧，就開了一堆藥給你。而我們也只能信任醫師的專業了，但是到底醫生有沒有真正了解病人？我想大部分的醫生是無法理解的，尤其是病人的情緒、內心狀態，很多醫生是連問都不想問的。

從我們的個案溝通過程當中，發現很多的事實，有些

疾病透過某些想法解套之後，確實因此不藥而癒；很多的疾病並沒有透過藥物的處理，而這個病人真的改善了。尤其很多的慢性病，或者是特殊疾病，罕見的疾病，在一般醫學束手無策的情況之下，透過這樣的心靈溝通之後，確實改變了。

　我不是醫生，我當然不能建議這些病人要吃藥、或做任何的醫學處理、或碰觸他們的身體，我完全不能有這些的行為存在，因為我不是醫生！可是，我如實看到，很多個案因為他們的心結解開了，想法改變了，傳遞出來的訊息也不一樣了，身體的疾病也相對改變了。

所以治好個案疾病真正的人，是他自己！

我們當然也不否認，身體的病還是得經由醫生的技術來處理，我只是發現，肉體的病，除了醫生的處理以外，我們能不能有其他的選項呢？

這個選項就是：「了解我們內心真正在想什麼？」

當我們的想法改變了，化解了，心中的罣礙釋放出來了，是否會影響身上的疾病，答案是肯定的。也藉由如此

的概念，透過大塊文化出版公司的邀請，我決定把這本
書，取名為《深層溝通與靈魂對話》，讓讀者朋友都能知
道，心藥能醫的，不只有心病。

　　深層溝通，主要是在於傾聽，溝通師定位在於傾聽與
引導個案講出他的心結、罣礙；溝通師們只負責聽，這樣
的方法更容易學。溝通師的角色，僅止於引導個案面對真
正的「因」，然後該如何做？是由個案自己決定的。

　　所以在這本書裡面，我會把我個人數十年來的研究所
得，數十萬個案的經驗，以及人在各種疾病現象的心靈成
因，剖析出來。在書中會寫出因心靈綑綁而遇到這些疾病
時，該如何實際做溝通的指令，透過書上的溝通指令，讀
者也可以自我溝通試試，不會有任何的副作用。

　　也許清除掉心靈罣礙種子之後，身上的疾病真的改善
了，豈不更好？這本書也可以說是一部工具書，在書中，
我做了大膽的嘗試，讓讀者可藉由書裡面所提到不同疾病
的狀態，來檢視自我。印證當了解「深層溝通」的理論之
後，深信對所有的人，的確都會是有很大、和意想不到幫
助的。

導讀

勇敢面對自己

李麗淳

　　剛接觸深層溝通，是七年前，在「命運好好玩」節目上，看到林顯宗老師擔任節目來賓，林老師在節目中講深層溝通技術，可以探索每個人的前世，所有人今生的遭遇不論是婚姻、財富、事業、親子，都可以找到根源的。林老師在節目中為知名藝人溝通，節目完整播出了溝通的過程，溝通後訪問藝人，藝人也在節目中分享自己溝通後的心得。當時看到播出，很令我驚訝，當然心中也有「這也許只是電視效果，藝人完全是配合演出」的疑慮，因此，看過只當感到很新奇，並沒有特別去了解！

　　那時，我在台灣很知名的企業集團服務，集團業務涵蓋了購物台、電視台、房屋、建築、海運、保代、旅遊、台北小巨蛋……等等，我在集團服務了十六年，擔任中高階管理職務。集團總裁及董事長對我都很好，很栽培我，

對我也護愛有加，我心中很感激，也一直希望能在集團服務到退休。

　　但瞬息萬變的商業競爭環境是很激烈的，一直有同質性的公司出線競爭，推出不同的競爭優惠方案，商場如戰場，在這樣的工作環境及責任之下，我其實是很難放鬆的。下班及假日都要看很多報告，自己的個性也容易緊張，就這樣長期下來，人變得很容易累，反正每天上班都有堆積如山的業務，累極了就休息，自己也沒有特別去理會在意。

　　集團對員工有一項很好的福利，提供全體員工免費的健康檢查，我的職級別在中高主管，所以是約一萬多元的健康檢查項目，算是很仔細的檢查。在一次的健康檢查中，發現我的肝已經出現了問題，建議必要再去門診做進一步追蹤檢查。

　　報告出來，是得了急性肝炎，必須服用「肝安能」一年。服藥一年後，抽血檢查仍有病毒活動，因我對長期服藥有抗拒，經過和醫生討論，想先停藥看看，也許可以藉由自體免疫能力，自己來克服。醫生尊重我的決定，但要我每個月回醫院抽血檢查及門診。評估幾個月之後，因為

病毒仍持續活動，醫生再度建議我服藥，醫生中肯的告訴
我：「可能必須終身服藥，而之前所服的肝安能，是健保
給付的，之前我自己決定停藥，現在再服用，就必須自己
全額付費了。」因爲藥價，改服「肝適能」，每天服用一顆，
每月的藥費六千元，等於一顆藥兩百元。

　　這件事，讓我開始去想我的未來，有限的醫藥常識告
訴我，在不到四十歲就要終身服藥，這對肝腎都是不好
的，而終身服藥，更是我向來所不曾想過的。隨著年紀漸
長，經歷的事情漸多，人生畢竟不是一直風和日麗，也有
偶然的風雨，甚至無情的暴風雨，我竟無知到四十歲，才
知人生「並不只是認眞努力，就可以一帆風順」的，突然
來的人生風雨，讓我第一次感受到很無力，好像只有接受
「終身吃藥」這個結果，別無選擇！

　　假日喜歡去逛誠品書局，偶然在誠品看到林顯宗老師
著作的《與靈溝通》這本書，想起了數年前節目中對深層
溝通的印象，就買了這本書，回家一口氣看完。心裡想：
「去試看看吧，深層溝通，或許對我有幫助呢，把吃藥的
錢拿去上課學習，不是更好嗎？」起碼，或許解決了一些
心靈上的因因果果以後，沒有肝腎的困擾問題也不一定！

　　我報名了三天的基礎課程及六天的進階課程，上完課後，我對學習深層溝通這個技術很有興趣，也在課程中得知疾病與心靈有很大的關係。我一面溝通，一面慢慢的把我每天吃的藥，偷偷改為兩天吃一次，一樣固定每個月回診及抽血，看檢驗結果是否會有差？結果兩天吃一次，與每天吃藥結果差不多。

　　第二個月，我仍持續溝通，然後再改為三天吃一次，回診結果，病毒活動反而更小了。

　　第三個月，我索性停藥，只做溝通，當然這第三個月我會更注意我自己身體上的感受及反映。第三個月抽血及回診結果，竟然是指數完全回復正常！

　　這個結果令醫生和我都很開心，醫生問我：「這個月是否心情很好？心情放鬆或休假去旅遊，這些都是有助於病情改善的。」

　　我並沒有告知醫生我的用藥情形，我怕他不同意，所以，我只是笑笑的告訴他：「調整了我的作息而已！」

　　而這位長庚醫院肝膽胃腸科的連昭明醫生，之前曾為我父親進行膽結石開刀，醫術很高明，人也很幽默，良醫良能，我對他既尊重又感激，他改變了我對醫生的印象，

我每次去看他的門診，感覺上就像是和一位大哥聊天，每次都是很開心的！

這件事讓我對深層溝通的不思議處，生起了很大的信心，也更加投入這個領域的學習。在我練習溝通技術時，曾經有一位我實習的非學員，令我印象很深刻。這位非學員是退休的公務人員，已六十多歲，她也是因為從電視上看到林老師的深層溝通，自己打電話到中心來詢問的。溝通中心有時也會請我們這些學員協助說明，使她能明白溝通的完整過程，而我也需要非學員的溝通練習，所以中心就請我協助實習溝通這位女士。（實習溝通是不能收費的，而且是上完進階課程的學員，已完整學習所有的溝通理論及技術才能進行實習溝通）

這位女士，在大熱天裡穿多件衣服，在人多的地方，不喜歡講話，她已經穿很多了，還是怕吹冷氣，冷氣的風不能吹到她身上，對環境感到很不安。我剛開始和她在公開的洽談區聊天，但她不希望在公開地方聊，希望能到沒有別人的地方，所以我引領她到專業的溝通室去。專業的溝通室是獨立空間，只有兩張椅子，一張茶几，一個時鐘，垃圾桶，一盒面紙，但隔音良好。我試著了解她來到

這兒的原因，她是高考及格的知識分子，所以思考模式上很容易分析，她一直在打量我，也反過來詢問我的背景，以及我如何相信這個技術能協助到她？我如實的先把我的背景講給她聽，她很驚訝；我鼓勵她：「既然來了，就試試吧！目前有什麼生活上的困擾？」

「四十多歲時得了乳癌，已經化療了，但最近復發，很害怕，化療的痛苦我經歷過了，而且癌症再復發，死亡率很高。醫生診斷說，我目前也有恐慌症，對環境很不安，不喜歡出門，不喜歡與人講話，我沒結婚，目前一個人住。八十多歲的媽媽，會常來看我，但一見面就起爭執，幾乎每次來都會和她有口角……」

我當時只是學員，溝通的技術還在練習，雖不純熟，但是原理是知道的。我接著問：「在四十歲第一次得到乳癌時，生活上有沒有發生什麼事情？」這是深層溝通理論之一，疾病第一次初發時，一定有事件發生，事件就很可能是成因。

她沉默了好一會：「我介入男同事的婚姻，成為第三者，長達很多年，他的妻子也來找過我，同事們後來都知道了。自己可以明顯感覺到，同事都用異樣的眼神在看

我，所以漸漸和同事不來往了，也知道大家在背後，用極
具殺傷的說詞在議論我。慢慢的，我習慣自己一個人獨來
獨往，但和這位男同事的關係一直維持著，時好時壞；在
我退休前，我們之間的關係，完全結束了，而他，也沒有
離婚！」

　　這位女士在溝通的過程中，對著小她二十幾歲的我，
勇敢的說出她介入別人婚姻的過程以及心中的感受，也有
很多從不為外人道的情節，整個完整回溯溝通，約花了二
十個小時之後，她自己有很多的領悟，感受是：「心裡負
擔少了很多，自己原來認為很在意的事，在溝通之後感覺
似乎也不那麼重要了，恐慌症好很多了。」接下來到中心
後，也開始與其他人互動、常笑了、也不穿那麼多衣服
了，大家光看她的外表，已明顯感受到她的改變。為了小
心謹慎，仍請她務必再回醫院進行檢查確認，結果很好，
醫生也很訝異；有了這個實習溝通的基礎，她很願意接受
並相信溝通帶來的正面能量與效果。

　　當時，我還只是在實習階段而已，就已有這樣的成
效，深信在專業溝通師幫助下，有心來求助的人，自然是
受惠更多。其實個案原理並不難了解，這位女士畢業於知

名的國立大學，在家中一直是很照顧弟妹的，是很有權威
的姐姐。民國五、六十年代，還是很傳統、保守的，她自
己的道德感也很重，那時成為別人婚姻的第三者，是很受
人議論的。她的母親知道後，也很難接受自己一直很優秀
的女兒，竟成為別人的第三者，經常念她，更一直勸她離
開那位男同事。礙於是公職的關係，雖然發生這樣的事，
她和那位男同事，也一直任職到退休，她的壓力之大可想
而知。

　　源源不絕的壓力，來自於自己、家人、同事，甚至也
來自於男同事的妻子，每天都身處在擔心別人議論的環境
中，久而久之就病了。而她得的乳癌，則來自於她成為第
三者的行為（林老師稱之為「業種」，業種的定義及原因，
請參見本書的內容），「業種」，也許短時間不會發作，十
年二十年就可能患病了。醫界不是常說：「疾病的三大原
因，可能來自於壓力、飲食及環境」嗎？

　　深層溝通是一個藉由溝通師引導個案「內觀自己」而
達到「轉識成智」後，因思維改變，進而改變行為，而達
到改變生活困擾的一個方法。在這個方法中，溝通師必須
具足「用心傾聽」及「有效引導」兩個要件；個案則必須

具足「勇敢面對」與「眞實表達」兩個要件，如此的溝通下來才會是一場很有效的溝通；如果個案無法眞實表達，或無法面對自己，那麼溝通的效果將是大打折扣的。

在集團企業工作十六年的長期訓練，我一直是很理性思考型的人，所以很難「用心」去體會，大都是「用腦」直截下判斷比較多。這其中的差別是什麼呢？後來學習了深層溝通才發現，用腦是「想」、是「分析」、是「判斷」，完全用過去的經驗值或知識的累積在工作；用心則是「感受」、是「感覺」、是「同理」，是一份「慈悲」與「愛」！這其中有很大的不同，學習了深層溝通之後，我開始學習「用心」去感受別人的感受，用心去「聽懂」別人講話的內容，學習「謙卑」，學習「同理」，學習「感恩」，這使我的生活有了很大的改善，與人和諧了，生活也比以前更自在了！

若談我個人學習深層溝通的小小淺見，我認爲深層溝通技術，是引導個案「轉心之法」。淨空法師說：「佛心就是眞誠心、清淨心、平等心、正覺心、慈悲心」，法鼓山聖嚴師父則說：「心安，就能平安」，慈濟證嚴上人也說「要時時多用心」，著名的二祖慧可，可以跪在雪地上，自

斷其臂，只爲向達摩祖師求「心安」二字之法。誠品書局創辦人暨董事長吳清友先生說過：「生命在事業之上，心念在能力之上」，這些大德，都一再反覆強調著心，可見心的重要。

　　我相信每個人今生，都有他來到人世間的生命功課及生命所要展現的價值。溝通結果也是因人而異，如人飲水，冷暖自知。既然如此，也很難用我們今生有限的知識去分析。《菩薩處胎經》中，有一段佛陀與彌勒菩薩的對話很有意思：

　　佛陀問彌勒：「心有所念，念有幾形？幾識？」

　　彌勒菩薩回答：「一彈指三十二億百千念，念念成形，形皆有識。」

　　我們彈指之間，就有三十二億百千念，這麼快的速度，所以心只能去感受，無法具體分析。有緣看到這本書的朋友們，建議能多用心去感受，自然可由書中，獲益良多！

從「心」解套

張光幸

　　秒針滴答、滴答……在寂靜的夜裡格外刺耳。又是一個漫漫長夜無法入睡，不是睡不著，而是才剛睡下不到三個小時又被右手的刺痛灼熱感給痛醒。

　　十年了，十年前在上海工作的我，突然有天發現自己的右手從手指頭開始發麻刺痛，連帶著肩頸痠痛、頭痛，常常困擾著我。尤其近幾年每況愈下，吃飯拿筷子、刷牙、寫字、打電腦……幾凡要用到手的事情，手指頭就會從指尖開始慢慢的逐步發麻，如果沒有立刻將手垂下，就會發麻到沒有知覺，然後灼痛。

　　最痛苦的是到了晚上睡覺，因為右側躺會壓到右手，左側躺會讓右手懸空，所以只能直挺挺的平躺，頭也不敢亂動，然而這樣還是會有問題，每每平躺睡下約三個小時，半夜就會被手的灼痛感痛醒，血液像是凝結住了，整

隻手臂似吊掛在身上般，短時間無法恢復知覺。躺也不是，起也不是，恨不得砍斷它，直到幾個小時後才能慢慢恢復循環，等灼痛感消退天也亮了。因此將近有四、五年時間只能坐著睡覺，睡不安穩又痛苦，造成白天上班沒精神，情緒容易失衡。

　　當時我服務於一家國際知名的琉璃藝術品公司，一個文化創意產業的代表性品牌，企業的精神談文化、談美學；無論同仁來自哪裡，需要具備文化人的氣質修養，生活工作中環節嚴謹，處處都要「有益人心」。這樣的企業文化讓我很認同，也深覺為琉璃文化貢獻一己之力，是很有意義的事。所以我做事很認真、將公司的事當自己家的事在做，進這家公司服務共十五年，從基層行政人員、行銷主管、全球藝廊的店務管理、到負責整個中國大陸行銷企劃的營運管理中心。

　　期間奉派到中國大陸十三年，部門內外的行銷團隊多達兩三百人。公司老闆、核心主管們了解行銷人員面對業績的壓力及辛苦，非常重視行銷團隊提出的意見。由於我的職權範圍越來越大，公司組織規模也日益擴大，行銷須結合市場、回饋市場訊息並導入生產，是天經地義的事；

也因此我需要代表整個行銷團隊不斷做報告、參與大小會議。管理工作行政事務不少，又具時效性，我幾乎天天需帶著工作回住處繼續加班，大江南北出差更是家常便飯。也因爲公司對行銷部門的重視，雖老闆們很體諒，盡量少給壓力，但不知不覺中，自己已給自己不小的壓力。

當時才三十多歲的我，發現手拿東西會掉落，連簽個名字都會刺麻，看著慣用的右手手指日漸萎縮，面對鏡子發現肩頸肌肉硬到呈現三角形、甚至臉有些歪斜，著實嚇到不知如何是好？加上睡眠長期不足，很難集中精神，面對自己的職責及月月需從零開始的業績目標，漸漸的性格、脾氣很容易煩躁。參與會議時，因著時間緊迫，又得切合市場及客戶需要，對公司內部提出的要求及意見，常常是很直截的表達，甚至有時處理問題，爲了自己的道理，得罪別人都不自知，自己不僅很累，周邊的配合團隊也很辛苦，自覺周邊的人際關係，已深受影響。

這段期間，曾買過各種健身器材，比如按摩器、電療器，但都沒用；也曾看過中醫、西醫、吃藥、外敷、按摩、整脊、照過腦電波、核磁共振；知道我整個脊椎是直的（正常人是大 S 形）、頸椎及手腕兩個點外卡，但仍是

　　無法根治，甚至有位專門治療手問題的名醫，在我服藥兩個月無效後，直接建議切割開手的韌帶，來解決問題。

　　當時深深感覺自己的身、心、靈，都很有負擔，面對公司的期待、工作團隊的責任與革命情感，讓我無法放下也離不開。求醫解決不了問題，曾幾何時我每天都不快樂，當時我的老闆很關心我，送了一本名為《快樂》的書給我，同時公司人力訓練部門，也送同一本《快樂》給員工，所以我同時有兩本名為《快樂》的書，但我連翻都不想翻開。

　　當時情同姐妹的總經理問我：「為什麼？」

　　我回答她：「一個人若是不快樂，不可能看一本名為快樂的書就會快樂的！」

　　甚至有次感冒、咳嗽了三個多月，總經理要我去看醫生，我卻直接回答她說：「不要，我要自然病死！」這樣的回答不僅讓她嚇了一大跳，我也驚覺，自己究竟怎麼了？

　　苦悶中時常覺得：

　　是不是上輩子做了什麼才這樣？

　　還是欠了別人什麼嗎？

　　情緒積壓於心，如同「燜燒鍋」。

　　其實自己很清楚心理有問題了，但從小覺得，是精神病才要看心理醫生，所以曾想透過算命找答案，甚至想找通靈老師來通通自己的靈，看是怎麼回事？但一想到那種事，好像都有些怪怪的，而且也不知說真的？說假的？終日沉於迷惘中、惶惶不安。

　　有次逛書店，看到一本《與靈溝通》的書，吸引了我，順手取下翻閱，發現沒有任何怪力亂神，反而很有科學邏輯的分析人生各種問題及因果道理，因此接觸到了「心靈唯識深層溝通」。那本《與靈溝通》，正是林顯宗老師的著作。

　　一向很行銷商業思考的我，從沒接觸過心靈，上網查了「心靈唯識深層溝通」的技術及相關課程，這種無需催眠、非靈療、可清醒的看到前世因緣，鼓勵透過上課及溝通，用自己的力量，來化解自己問題的技術，讓我很好奇也深深吸引我。

　　於是參加初階的「心靈基因改造班」，課程包含十小時的專業深層溝通，面對陌生人，閉上眼睛，要說出自己的心事反而沒負擔。透過專業溝通師一問一答的方式，無

需思考，只需放鬆回答溝通師引導式的問題，就自然的可將一件件積壓在心裡，在意的「結」給說出來。

剛開始溝通，就是從最近在意的事件進入，我直覺就是想到某次開會的情形：聽到什麼話、看到什麼情景、及內心浮現的感受，在溝通當時，會隨著經歷的過程湧上心頭。此時溝通師會讓我重複好幾遍，對當時的我，有影響的內容，透過「說出來」讓當時卡住的情緒，可得到釋放。

手的問題，我接受溝通約三十個小時，從開會的過程開啟一幕幕過往曾經歷過的事件，就像倒帶一樣，回看到小時候學騎腳踏車、學溜冰、玩單槓摔得天昏地暗，到幼稚園睡過頭翹課，差點被媽媽趕出家門。回溯到胎兒期，感覺聽到爸媽曾有的對話……甚至奇妙的浮現古代戰爭的情景，是的，我清醒的回溯到了前世。

其中有段過程是在戰國兵荒馬亂的時代，當時我是二十多歲的年輕人，感知需從軍，才能保衛家園，因此鼓勵同村的好友一起從軍，成為一位小將軍，在戰場上，從浮現的畫面看到旁邊兄弟們中箭倒地、血流如注。自己也中箭落馬昏倒了，等醒過來，只見屍骨遍野，血流成河，所有人都戰亡了。

　　當時心之沉重，非常傷心難過；同時有很大的「自責」，覺得他們是因我才從軍的，如今戰死了，我卻獨自一人活著，萬念俱灰之下只有一個信念，就是將他們的屍骨帶回家鄉安葬。於是將往生兄弟們的屍首，放上推車蓋上草蓆，拖著疲憊的步伐，推著他們一步步走回家鄉。回到家鄉看到他們的家人撫屍痛哭，我的「自責」更深了……直到安葬好他們，心情仍是沉重鬱鬱寡歡。

　　經歷完這些過程，該釋放的種子作用力也釋放完了，溝通師引導我與那些兄弟亡靈對話，想像他們就在我的面前，面對他們道歉，並同時靜心感受他們回應給我的話，就這樣一來一往，雙方互相說出心中話的同時，我理解到他們並不怪我，因為他們是自己選擇與我一起從軍，甚至告訴我：「因為身在亂世，壓力太大選擇戰死，這是大家各自選擇的生命體驗。」當我們大家相互體諒，理解緣由後，溝通師繼續善巧的引導我化解自己的「自責」、「寬恕自我」，此時坐在溝通室的我，心中頓時覺得放下一顆沉重的大石頭，輕鬆多了！

　　這是一趟重新認識自己生命的奇妙旅程，若沒上過林老師的課，還真以為是在幻想。但我知道不是，因為回溯

前世過程中，心上會浮現當時的情緒、受創傷的肉體，藉由不斷重複說出遭遇的過程會有「體覺」，讓坐在溝通室的我，宛如又親臨現場般，可感覺到當時肉體的疼痛，那就是「種子的作用力」。

溝通師引導不斷重複說出那些壓力點時，情緒經歷爆點之後，可慢慢恢復到平和，曾受傷的肉體，也會漸漸從不舒服的感覺，到不再感覺到不舒服，比如：會從頭昏腦脹、慢慢到頭不昏腦不脹。

發現原來種種情緒及肉體壓力，一直被壓抑得很深，透過「再重複說出來」，可釋放壓在心裡的負面力量。好幾段的前世中，歷經戰爭及創傷，有從樹上摔下、被劍砍殺、被子彈射中、從馬上摔落、歷經國破家亡、抑鬱而終的人生……曾經是人、是動物、是植物……這一段段的生命歷程，原來一直是儲存在我心靈裡面的細胞記憶，那樣的自責及深感對同儕的責任與在乎，如同基因密碼般，形成我今生的習性及觀念。而這個辛苦的靈魂，尤其那隻可憐的右手，及後背，經過累世累劫難怪會這麼痛苦。

溝通最重要的，不僅是可釋放造成痛苦的「種子作用力」，更重要的是溝通師會引導我去看這麼多段的事件，

居然都是重複著類似的模式，也就是有類似的「因」，才會產生類似的「果」。不斷回溯的目的，就是讓我勇敢面對各個階段的自我，並將「最初的成因」找到，徹底的清除掉，那麼重複的果相才能根除，也就不會再「重蹈覆轍」。

當發現自己一直重複某種思維，以致總是走到重複結果時，才發現應有不同的智慧，去面對那些問題。而當我能用不同角度，同理別人的心情，並理解其實有不同的做法，去面對那些問題時，更成熟的智慧隨即升起，這就是林老師常說的「轉識成智」了。

帶著溝通後的輕鬆及智慧，再回到職場及生活中，發現過往會挑起或壓抑自己情緒的事情，不會再對我產生作用力；也因為心境已轉換，思緒清明許多，與人溝通及處理事情變得更順暢。溝通後，奇蹟似的手麻問題幾乎全好了，現在可一覺到天亮，身邊的朋友同事都非常驚訝，親眼所見我明顯的轉變，不僅手的問題好了，連面相都變得親切許多，甚至之後有任何心靈問題，都很喜歡來找我「談心」。

透過深層溝通，我領悟到造成右手麻痛問題的種子，

源自於內心一個很深的執著，執著於好多事情，都認為是自己的責任，甚至責任沒做好，產生很大的自責，這些因素壓得肩上負擔沉重。但透過深層溝通，看到那個深藏的自我，其實扛不下去了，因此透過手痛，知會自己：「不想再扛了！」

　　奇妙的是，那個深藏的自我，同時會感召身邊的人，扮演提醒的角色，逼使自己去面對問題，為的是提醒自己需注意到自身。過往的我，注意力焦點總在別人，忽略了自己，更忽略了答案可能在我自己身上。所謂「當局者迷」，當自身的執著固著不拔時，會障礙住自己的心性及深層的智慧！

　　我有幸被喚醒，化解了這樣一個讓我睡不安穩的執著，透過「心靈唯識深層溝通」的技術，不僅無需任何醫藥便能解決我身體的問題，隨後更透過上各種進階課程，讓我清楚明瞭各種心靈成因，對生命產生的影響。也因此我知道自己生命的目的及意義。之後我也成了一位「心靈溝通師」，帶著之前主管、同事們的祝福，我圓滿了在中國大陸公司服務的緣份，回到台灣在淡水成立心靈中心，希望讓自己受惠的技術及課程，能讓更多人突破生命的障

礙。

　　心病還需心藥醫，外求的醫藥無法根治心病，唯有向自心探索，找到那把離苦得樂的心靈之鑰，方能解開命運的枷鎖。感恩這個技術及所獲得的智慧，讓我的「心」解套了，並且有能力創造自己更美好的未來！

第一章

深層溝通初體驗

當喬達摩・悉達多王子離家出走，一直到菩提樹下靜坐四十九天後，他成佛了，許多的佛陀傳記內容中都寫下這些過程。

　　問題是這四十九天，喬達摩・悉達多王子做了什麼？如何做？怎麼做？才能真正的證悟成佛？如果只單靜坐四十九天就可以讓人成佛的話，我還是不相信！

　　要不我們也各自找一棵菩提樹，好好坐個四十九天，甚至四十九個月，比他還久，都沒關係，只要這樣就可以成為佛陀，我絕對願意，但我相信沒有用，因為方法不對，不是靜坐時間長短的問題……

原來我也可以做到

從我接觸佛學，研讀許多的佛經開始，我心中一直有個問題？那就是佛陀到底用對了什麼方法，而讓自己成就的？

雖然佛陀講經說法四十九年，說盡了各種道理論述，到了涅槃之前卻又推翻自己所說的一切，說：「這四十九年來，什麼也沒說！」

我個人覺得重點不在佛陀說了什麼，因為那都是隨著當時不同的因緣示現，而方便說法而已，既然我們要學佛，成佛（但不是拜佛，信佛），我們應該學習的是佛陀一生是如何成就他自己的，他如何做，如何看才是。

當時我心中便有個問題一直盤踞，如果有一個方法，可以讓一個平凡的人，成為佛陀，成為一個覺悟者的狀態，那麼佛陀可以做到，我也可以做到才對；如果我也可

以做到，那所有的人都可以做到了！

　　為此，我閱讀了所有各種不同翻譯版本的佛陀傳記，在研讀佛陀一生傳奇的過程中，我把重點放在，當時他從一個「喬達摩‧悉達多王子」的身分，離家出走，一直到菩提樹下靜坐四十九天後，成為一個覺悟者的狀態，當時印度尊稱這樣的人為「佛陀」。

　　重點是這段時間，喬達摩‧悉達多王子，他做對了什麼而讓他成佛？我可以肯定的是，他不是透過任何的外求，或外力的介入而讓他成就的。從他離開舒適華麗的皇宮之後，一開始他也是向外求的，求諸於各種苦行，瑜伽，修了好多年，可都不是他所要的，然後他放棄了這種外求的模式。當然他也沒有去拜哪尊神哪尊佛，或哪個菩薩顯靈讓他成佛，更沒有接受任何外力加持或灌頂而有所成就。

　　當時他放棄了所有苦行的方法後，接受了供養，找到了一棵菩提樹，決定坐在這菩提樹下好好的內觀，直到成佛為止。然而這一坐坐了四十九天，四十九天後他成佛了，許多的佛陀傳記內容中，都共同寫下這些過程，但卻都只是帶過，對此著墨不多。重點都擺在成佛之後，佛陀

說了什麼內容？去了哪些地方？收了多少弟子？直到祂涅槃為止。

　　問題是這四十九天，喬達摩‧悉達多王子做了什麼？如何做？怎麼做？才能真正的證悟成佛？如果只單靜坐四十九天就可以讓人成佛的話，我還是不相信，要ㄞ我們也各自找棵菩提樹，好好坐個四十九天，甚至四十九個月，比他還久，都沒關係，只要這樣就可以成為佛陀，我絕對願意，但我相信沒有用，因為方法不對，不是靜坐時間長短的問題。

　　為此我也去了一趟印度，去到佛陀曾經到過的地方，講經說法的地方，如祇樹給孤獨園、舍衛城、靈鳩山、佛陀涅槃的遺址、火化的地點，以及佛陀成道的地方：菩提迦耶。我都去了，尤其是佛陀成道的地方菩提迦倻，才是我要看的重點。

　　那天到了菩提迦耶已經是黃昏，內心許久以來的期待讓我有些激動，當時的那棵菩提樹依舊佇立在原來的土地上。只是聽說，已經不是兩千五百年前的同一棵菩提樹了，是後代的人們為了紀念佛陀再種下去的。當年的菩提迦耶，肯定跟現在大不相同了，現在這裡是印度知名的觀

光重鎮，到處是餐廳，住宿的飯店，賣香火，手工藝品，佛教用品，紀念品店到處林立，世界各國湧入的觀光客一批又一批，尤其是來自於各個佛教團體居多。

來到那棵菩提樹前，我看到許多人很虔誠的對著菩提樹跪下祈禱，有人在做五體投地的大禮拜，有人三步一跪拜的拜向那菩提樹，彷彿佛陀還坐在菩提樹下一樣，也有人在週圍靜坐冥想，或是手持佛珠口中唸唸有詞，應該是唸佛號或是持咒語吧？較誇張的是有一個團體，在旁邊運氣，吸氣，還有人當場起乩了。問題是，這些人無論他們正在做什麼，當下內心的想法是什麼？

我仔細觀察了整個地方，離菩提樹不遠地上有一塊長條型厚厚的石板，石板的中央有明顯凹陷下去的痕跡，據說那是當年佛陀曾經在此來回走步留下的痕跡，再走過去有人蓋了一座佛塔供人膜拜，繼續往前走約兩百公尺遠，有一座池塘，傳聞當時佛陀常到這個池塘邊取水，據說有一次突然下大雨，一時無法躲雨，一條巨大的響尾蛇撐起頭來為他撐傘。看完池塘後我又繞到另外一邊，有一塊隆起的小山丘，算是這裡最高的地形了，我站立在那山丘上，當時已經是夜晚，抬頭仰望天空，看到滿天的星斗，

及皎潔的月亮，那一刻我明白了：

當我親臨佛陀成佛的現場，我想的是，如果我是當時的他，我會做什麼？

難道只是每天在菩提樹下呆呆的靜坐嗎？

現場的環境回答了這個問題：肯定不是的！

當年喬達摩‧悉達多王子以這棵菩提樹為中心，方圓大約兩三百公尺為他的活動範圍，試想，當他來來回回走在長長的石板上——

當下他的內心正在想什麼？

當他走到池塘邊看著水、看著水中的倒影，他看到了什麼？

當他來到小山丘上，仰望穹蒼，看到了日月星辰的運轉，他領悟到什麼？

答案已經呼之欲出了，現場的環境回答我：

如果是我，我來來回回走在石板上，一定會自問自答！

如果是我，我來到池塘邊看著水，我會看到我自己！

如果是我，站在山丘上望見日月星辰運轉不息，會領悟到宇宙的緣起與緣滅！

　　如果是我，每天坐在菩提樹下，會不斷的內觀我自己所有的過往，於是明白了因果循環！

　　整整四十九天不斷的自問自答，不停的往內觀，往內問，一定可以得到答案的，因為所有問題的答案都在自己的內心裡，不會在別人的嘴巴裡。

　　這樣自問自答的方式，不就是一種「溝通」了嗎？

　　這樣的溝通就是自己和自己的靈魂溝通對話，如此的溝通模式，可以說就是一種自我溝通了。

　　當然讀者朋友也許會說：「這些，有可能是你個人自我意識主觀的認為。」

　　其實不然，在佛經裡面也有記載，佛陀如何運用自問自答的方式，來讓自己證悟，引自《正見緣起斷生死》一書中，一小段經文翻譯成白話文如下：

　　世尊告訴諸位比丘：「回想從前，我尚未成佛時，獨自在清靜無人的地方禪坐，以寂靜的專研之心，探究生命、思惟真理。當時起了這樣的想法：眾生深陷世間苦難之中，眾生的身心現象又深奧難懂，像生的現象、老的現象、病的現象、死的現象、身心轉化變遷的現象、轉世受生的現象。眾生對於生、老、病、死的種種現象，以及形

成這些現象背後的種種條件因素，都不眞實明了。」

接著佛陀自己問自己：「是先有什麼現象，才有『生』的現象產生呢？是具足了什麼樣的因緣條件，才有『生』的發生呢？」在禪觀中佛陀明瞭是因爲有了「續」的衝動、所以「生」的現象就產生了。

佛陀又問自己：「是先有什麼現象，才有『續』的衝動產生呢？是具足了什麼樣的因緣條件，才有『續』意志產生呢？」在禪觀中佛陀明瞭因爲有「取」的動力，所以有「續」的意志產生。

佛陀又再自問：「什麼現象先有了，才有『取』的現象產生？是具足了什麼因緣條件，才產生『取』的動力？」在禪觀中佛陀明瞭抓取身心的現象，是貪著身心的感受、回顧眷戀、繫縛自心，不斷增長愛欲，愛欲又再深化、強化抓取的動力。

是因爲有愛欲，而有抓取的動力產生；有抓取就有有續的意志力，然後就有生的現象產生，有生就有老、病、死的發生，也就有生、老、病、死之間的憂悲惱苦。就是這樣，所有生老病死之間的種種大苦因此而聚集。

備註：

＊其實不只這篇經文如此記載，在阿含經裡，還有許多的內容，
　都是佛陀說明當時的他是如何自問自答，因此而證悟了，解脫
　了許多心中的困惑！

＊節錄自印順本《因緣相應三經》，《大正本二八五經》，《佛光版
　三二三經》。臨自《正見緣起斷生死》一書中之一小段經文原文，
　及白話解釋（引自出處）以便於讀者了解，讀者諸君若有興趣
　可自參閱上述經典詳見全文：

　　　「爾時，世尊告諸比丘：「我憶宿命，未成正覺時，獨一靜
　處，專如精禪思，生如是念：『世間難入，所謂若生、若老、若
　病、若死、若遷、若受生，然諸眾生生、老、病、死，上及所
　依，不如實知。』

　　　我作是念：『何法有故生有？何法緣故生有？』即正思惟，
　起無間等知：有有故生有，有緣故生有。復思惟：『何法有故有
　有？何法緣故有有？』即正思惟，如實無間等起知：取有故有
　有，取緣故有有。

　　　又作世念：『取復何法有故取有？何法緣故取有？』即正思
　惟，如實無間等起知：取法味著、顧念、心縛，愛欲增長，彼
　愛有故取有；愛故緣取，取緣有，有緣生，生緣老病死、憂悲
　惱苦，如是如是純大苦聚集。」

　　我發現，佛陀在自問自答內觀的過程中，有
個重要的概念存在，就是：「從果溯因」的基
本原則。

　　比方說，如果生老病死是一種輪迴，那麼我們可以更
白話的問自己：「既然有生，就會有老、病、死，那麼生
的更早之前的因，是什麼呢？」

　　內心湧現的答案即是：「是因為有了延續的衝動，才
有生的現象產生。」

　　「那麼續的更早之前的因是什麼呢？」

　　「是因為有抓取的動力，所以會有了續的意念產生。」

　　「那麼抓取的動力，更早之前的因又是什麼呢？」

　　「是因為有愛欲，才會有抓取的動力產生。」……如
此這般，一直追根究底的問下去，從果問出因，再從因問
到最初的成因，這就是佛陀所用的追問法。

　　所以我所研究深層溝通技術步驟中，就是源自於這些
概念而設計的，認真的說，並不是我發明了深層溝通技
術，而是我發現了這樣的技術，我只是運用了如此的引導

溝通概念，實踐了它，並且靈活的運用了它，這不僅僅是
我可以做得到，而是每個人，都可以做到的。

找到一個眞正的自己

深層溝通技術，其實就是一種引導式的內觀，引導你自問自答，可以有效的內觀自己內心的各種狀態。

我發現若沒有技巧的引導，許多人還眞的不懂得如何自問自答，如何問？怎麼問？該問什麼？眞的會讓人摸不著頭緒。一個引導溝通指令的人，我們稱爲：溝通師，因爲如此，溝通師本身對於因果觀念要非常清楚明白，更重要的是怎麼問？問些什麼？當然在我的深層溝通課程內，都會有詳細的解說，除了溝通步驟外，溝通師還要對人類心靈機制瞭如指掌，在書中後續篇幅會有詳細的一一說明。

深層溝通的精神意義，是透過「引導式內觀」的溝通，讓人找到一個眞正的自己，面對眞正的自己，穿越自己內心的障礙，進而讓自己蛻變覺醒。除此之外，還可以回溯

過往，回溯前世，看清楚自己輪迴模式，了解到一切的因緣果報，以及明白何謂因果業力的法則，洞見到宇宙存在的奧秘，生命輪迴的意義。

　　既然佛陀當時也是用同樣的方法，同樣的概念找到了祂真正的自己，成爲一個覺悟者；所以我才認爲，佛陀可以做到，我們每個人也都可以做到才對。因此佛陀才會說：「眾生皆有佛性，眾生皆可成佛。」

　　透過深層溝通的個案，讓我看到了人類所有的行爲、環境、生活態度、婚姻、感情、事業、人際、健康、身心疾病……其實都源自於人類自己內在心靈狀態想法，而投射出來的果相。也可以說是：假象！既然外在存在的一切現象，都是「果相」，有了果相就一定有「因相」的存在，只要回溯過往去找出因相所在，那麼改變了「因」，「果」自然就可以有效的被改變。從果溯因，就是深層溝通技術所運用的概念，尤其是個案本身親自的體會，從他們身上，明顯看出身心狀態的改善，的確有非常顯著的不一樣效果。

研究人類心靈機制數十年來，我如實發現，人的心確實可以創造一切。目前我們所看到的一切，不都是我們的心創化出來的嗎？那既然我們的心可以創化出這一切的現象，我們當然也可以創化自己的身體，包括創化疾病，來讓自己有所體驗。

人類創造疾病是有其目地的，每當一個人生病的時候，他必須先感恩這個疾病的示現，因為只有生病的時候，我們才會停下腳步好好問自己：「我到底怎麼了？」或「為什麼是我？」當一個人躺在病床上不能動的時候，通常他是會有這種想法出現的。

平常我們都是在問「別人」，誰誰誰怎麼了？為什麼是這樣？通常千錯萬錯都是別人的錯，少有自己錯；所以才說人只有在生病的時候，才會停下腳步來問問自己：「我到底怎麼了？為什麼是我？」

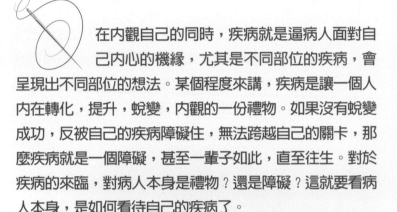 在內觀自己的同時，疾病就是逼病人面對自己內心的機緣，尤其是不同部位的疾病，會呈現出不同部位的想法。某個程度來講，疾病是讓一個人內在轉化，提升，蛻變，內觀的一份禮物。如果沒有蛻變成功，反被自己的疾病障礙住，無法跨越自己的關卡，那麼疾病就是一個障礙，甚至一輩子如此，直至往生。對於疾病的來臨，對病人本身是禮物？還是障礙？這就要看病人本身，是如何看待自己的疾病了。

　　許多的疾病都有其象徵的想法存在，我觀察到光是人類已知的疾病，就有將近一萬種之多，透過深層溝通的個案，觀察到確實有某些病，跟一個人的想法是有相對應的存在關係。很明顯的，當你心中有什麼想法，就會在某個部位，或是某個器官上，顯現出來；心中有什麼不同的罣礙，就會在不同的部位顯化出來。這都是有其關聯性的，尤其我們做過的數十萬個案裡面，這個現象非常的明顯，他們心靈狀態會透過身體的症狀，疾病，來突顯給個案本身去面對。

　　要強調的是，這是從心靈角度出發所觀察到的可能，

因為每一種疾病的成因，有太多種來源，有的是環境污染導致，有的是病毒傳染、細菌感染、有些是遺傳性疾病的問題，甚至也有些是來自於無形眾生影響的問題，來源不一。所以有病看醫生，絕對是天經地義的事，而我們只是提供另一種選項，從心靈成因角度思維，由病追溯過往，找出潛藏的「因」罷了，同時也藉由改變了因，而來改善果的可能性。

　　來舉幾個案例給大家參考：

　　曾經有一個女學員，近視有六百多度，她從小學二年級開始就戴了眼鏡，溝通師就引導她，回溯到她小學二年級的時候，她才發現，當時有一天半夜起床要去上洗手間，經過她父母親的房間，父母親房間的窗簾沒有拉上，剛好看到她父母親在裡面行房。她不敢看，用手遮住眼睛走過去了，可是上完洗手間又要走回來，又不敢看又用手遮住眼睛走回來了。就是這個不敢看，不想看，導致她戴起了眼鏡。

　　這說起來很神奇，只是一個不想看，不想面對，不想看清楚的事件存在，存在於她小時候的事件而已，導致她從二年級開始就戴眼鏡一直戴到現在，可是溝通完之後，

引導她去看清楚那個事實是什麼，當她重複說出來，並決定想看清楚真相之後呢，她眼睛好了，眼鏡拿下來沒有近視了，所以這是一個很有趣的概念。

對有些人來說，近視或散光的心靈成因，是來自於過往自己的身邊存在著一些人、事、物，是自己不想看清楚的，只要回溯過往，決定去看清楚事實真相了，內在的心靈狀態也完全接受了，就有可能得到改善。

以我自己為例，年輕的時候沒有近視，我的視力一直很好，從來沒有戴過眼鏡，可是因為年輕沒有近視，年過四十五歲之後，一般通常就會開始有遠視，我也不例外，四十五歲之後，我發現我看書越拿越遠了，太小的字我看不清楚，尤其我現在已經五十五歲了，也免不了有了老花眼，去給眼鏡行驗光，證實有三百度左右的老花眼。

當我了解「創化疾病」這個原理之後，告訴自己，事情不要看那麼遠，看近一點，不要想那麼遠，想近一點，我不斷的重複給自己這些指令。現在，我不必戴眼鏡，字一樣看得很清楚，手機簡訊的字很小，或者一些書的字很小，我也一樣看得很清楚，而且正常的距離閱讀書報都沒問題。

　　在此分享給各位朋友，如果有類似的問題，不妨試試看，不斷重複的告訴自己：「事情不要想那麼遠，想近一點就好。事情不要看那麼遠，看近一點就好。事情沒有那麼複雜，想單純一點就好。」重複唸出來，直到你內心接受為止，然後再觀察視力有沒有改善？

　　歸納近視及遠視的心靈成因：

- 近視成因來自於有些不想看的事件，存在於過往。
- 遠視（老花眼）的成因，來自於想太遠，看得太遠。

　　在此也提供自我溝通步驟，供大家參考：

 近視溝通指令

- 我決定想看清楚事實真相了。
- 不斷重複這句指令至少三十遍以上，直到自己或個案本身心靈接受為止。

遠視溝通指令

- 凡事不要看那麼遠，看近一點就好。
- 不斷重複這兩句指令至少三十遍以上，直到自己或個案心靈接受為止。

鼻子過敏困擾很多人，來談談跟「鼻子」毛病有關的心靈成因：如果過往被家人管教很嚴厲、被壓抑、被限制，無法表達自己的意見、或反抗，感受到「以愛為名」的窒息壓迫，會致有鼻塞、鼻子過敏、常打噴嚏、流鼻水，更嚴重的就是鼻竇炎等等的毛病。常被耳提面命「不准這樣、不准那樣」的人，存在你的日常生活裡的壓抑限制，導致你無力反抗，不能表達，你的鼻子呼吸就不通暢了。

不妨觀察一下身邊的朋友，有這種現象的人，只要離開家，在外地工作生活，毛病就好了，可是過年過節只要回家，一回家之後鼻子問題又發作了，鼻子不通、流鼻水、鼻塞，代表壓抑他的人還在家裡，只要一面對接觸到，就被壓抑，呼吸就又開始不順暢了。

　　有這種症狀的人，可以回想一下，自己身邊有沒有存在這些壓抑你的人，管教你很嚴厲，事事都要報備、批准，幾乎不能自己作主些什麼，這樣的人，可能來自於你的父母親、祖父母、哥哥姐姐，或者你的另一半，都有可能。這人是誰？仔細回想一下找出這樣的人出來，好好面對他，好好溝通表達你自己的感受，並請對方尊重你，不要再壓抑你，當你勇敢表達出來，試試看，信不信鼻子不通的問題，可能真的立刻會有所改善。

 鼻子過敏或鼻竇炎的溝通指令

- 觀想曾經管教你，或壓抑你、限制你的人在你面前，面對對方說出：請尊重我現在是一個成熟的個體，不要再用過去的方式管教我，過去的方式讓我非常的不舒服，不自在，請你尊重我的感受，謝謝你，我愛你！
- 重複說出這些話至少十遍以上，直到自己或個案本身舒適為止。

　　有一位女學員，一天傍晚下課時匆匆忙忙要跑回家，差點撞上我，我忍不住問：「妳在趕什麼啊？」

　　「剛剛我先生打電話來，說孩子發高燒了，三十九度半，必須送醫院掛急診！」

　　我攔住她：「妳先不要急，給我五分鐘時間。妳家有多少人跟這個孩子生活在一起？」

　　「就我跟先生兩個人而已，孩子才剛滿週歲，還是一個小 Baby，還不會講話。」

　　「了解，妳回想一下最近妳或妳先生，有沒有對這個孩子做了一些讓他會憤怒、生氣的事？或不開心的事？」

　　她想一想：「老師，會不會是我自己？五、六天前吧，這個孩子很奇怪，牛奶喝一半就不喝了，於是我就逼孩子把牛奶喝完，孩子勉強喝一口就把奶瓶丟掉，我就很生氣，打孩子一個耳光，逼他把牛奶喝完，孩子被打，就哭了嘛，我更火，就再打，又罵，逼他一定得喝完牛奶。該不會是這個行為讓孩子不舒服吧？」

　　「就針對這個行為，妳回去對妳的孩子懺悔，懺悔妳不應該打他；懺悔的時候不要解釋任何理由，只為妳的行為去懺悔就好了，並且保證以後不會打他了，而且請求他

對妳的原諒與寬恕。」

「可是老師，我的孩子還不會講話，他只是一個小嬰兒、小 Baby，他能聽得懂我的話嗎？我要跟他懺悔、請求寬恕，有效嗎？」

「妳試試看嘛，而且妳懺悔完之後，觀察妳孩子的反映，十分鐘或十五分鐘之後，看高燒有沒有退掉？如果高燒退了，代表就是這個事件引起他心靈的發火，造成他不舒服，他透過肉體來表達而已。如果高燒還是持續不退的話，那趕快送醫院掛急診了，可能是病毒的感染了。」

隔天早上她來上課的時候，滿臉不可思議：「老師，我要跟你分享，昨天晚上回去，我真的跟孩子針對我打他的行為跟他懺悔，並且跟他保證說以後不會這樣打他，請求孩子對媽媽的寬恕。孩子聽完之後，竟然對我笑了？他似乎真的聽得懂？」笑完不到十五分鐘，她孩子的高燒退了。早上要來上課前，還特別檢查她的孩子，完全沒有任何的不舒服。

「怎麼會那麼神奇？」她還是有些難以置信。

「很簡單呀，妳的孩子有憤怒沒辦法表達，於是透過身體發高燒來表達，發高燒的背後，是孩子透過身體傳遞

他的生氣、發火了的訊息給大人，在表達他的抗議啊！」

　　為人父母的朋友，如果你孩子常常感冒、咳嗽、氣喘，生病的頻率很高，那麼，檢視一下自己：是不是我們對孩子有過多的要求、限制、過度呵護，尤其父母親都會對孩子講一句話：「我這麼要求你，是因為我愛你、為你好，你知道嗎？」天啊，以愛為名來控制孩子，那更可怕！

　　這種愛我稱之為「窒息的愛」，用愛讓孩子窒息了，無法呼吸，他只有透過感冒、氣喘，來讓你知道，所以如果觀察你的孩子，常常有這種感冒的現象時，請檢討一下，是不是自己對孩子有太多的關注跟要求呢？請鬆開他們，鬆開勒緊綑綁他們的手，信不信他們常感冒的狀況，立刻會得到改善。

　　感冒的另外一種心靈成因，是失落，如果個案本身最近有過失落事件存在，如失戀、離婚、親人往生、失去大筆金錢、失業……都是種失落，只要找回失落事件的「關鍵點」，好好重複面對、溝通，感冒也會明顯改善。

發高燒溝通指令

● 最近發生什麼事讓你感到憤怒？

● 不斷耐心引導自己或個案本身，表達出感到憤怒生氣的具體事件，並一直重複事件內容十次以上。

至於責任感太重，凡事都一肩挑，各種大小事都自己挑起來做的朋友，我相信有很多人有「肩膀痠痛」的問題存在。因爲如此得常常去給人家按摩、指壓，按摩師按到肩膀時會說：「哇！你的肩膀怎麼硬得跟石頭一樣？按都按不下去！」這代表了什麼？

以心靈成因的角度來講，代表著承擔太多，凡事都一肩挑，責任感太重，當然責任感重不是不好，問題是你挑太多了，有點挑不起來了。有些人家裡的大小事都他在挑，兄弟姊妹各自成家了，有事也是他在擔；公事上他也親力親爲的負責，肩膀痠痛，警示你已經挑不起了，必須學會放下，要量力而爲了。

可是有人會說：「不可能啦，如果我不做他們沒辦法做得好，我只要一不做，事情就停擺擱在那邊，拖著不處

理也不是辦法呀！」

　　各位，請必須學會放下，信任別人是有能力的，你自認太有能力了，所有能力可及的一切，都要親自打理、負起責任，反而造成身邊的人能力退化，只因爲你太有能力，太自告奮勇挑起所有的責任。如果你要減輕這個負擔，改善你的肩膀痠痛，你就得學習：信任、授權、放下。

　　試著欣賞別人也是有能力的，有時候不妨自己退後一線，試著扮演白癡吧；如果你是白癡，會看到身邊每個人都是天才了！如果你是天才，你就會看到每個人怎麼都很白癡？這是相對的現象，所以請信任身邊的每一個人，都是「天生我才，必有所用」，讓自己學習放下與尊重別人才是。

　　肩膀痠痛溝通指令

- 有什麼事是你要承擔的？有什麼事是你不需要承擔的？
- 反覆問這兩句指令，讓自己或個案一項項說出來，直到自己領悟，卸下責任，分擔給別人為止。

　　有一些人有背痛的毛病，好像怎麼醫都很難好，為什麼會背痛？當一個人，冥冥中感受到來自背後的威脅，不論是生命的、財務的、情感的，或是工作壓力的威脅，代表這個事件來自於你的背後。很簡單的原理，背後來自於有人對你形成威脅，可能生活、工作、生命或者情感方面的威脅……都會形成來自於背後的疼痛。而且這威脅一定是來自於背後一種隱藏的東西，所以，只要好好的轉過頭、回過身來，面對這些威脅，一探究竟，只要勇敢面對，穿越了，這些現象也就不見了。

　　所以當你看到這些內容的時候，如果你有想起什麼事情，那麼等一下在溝通引導的時候，自己試著講出來，而且直覺的講最好，不管在自我溝通或是有人從旁引導的過程，我都希望你能夠直覺的回答，不要經過思考，直覺的第一句話，通常就是那個事件了，要具體的講出來，而且發出聲音說出來才算數。

 背痛溝通指令

● 發生什麼事，讓你感受到威脅感？（重複的問，直

到找出威脅事件來源）

● 轉向那個威脅事件裡，去看清楚事實是什麼。（重
　複引導自己或個案看清楚事實真相，並面對威脅來
　源。）

　　再譬如有的人最近也沒有吃壞東西，也沒有肚子痛，
就是一直在腹瀉，輕微的拉肚子，那這種現象代表了什
麼？可能最近有一大筆錢付出去了，或者財務上控制不是
很好，有一些錢不斷的流失。當生活上遇到一些壓力，如
工作、事業、經濟、生活等等壓力，會造成腸胃病的問
題，如腸胃不舒服、拉肚子，這一類的小毛病。

　　腸胃是消化蠕動的器官，當這個消化蠕動的器官運作
不良了，代表有壓力！所以腸胃的疾病來自於當事人的種
種壓力，最嚴重是經濟的壓力。怎麼解決這種問題呢？當
然就是如何面對你的壓力，有腸胃疾病的人，可以注意觀
察，譬如有便秘、痔瘡問題的困擾，會有一個性格就是通
常比較小氣吝嗇，或者是懷抱老舊的想法不想改變，為什
麼說他們小氣吝嗇呢？因為他吝嗇到連「便」都不想大出
來！而懷抱老舊的想法就是他不想改變，固執，固著於原

來的想法，這就是導致痔瘡的一些心靈成因。

腸胃病溝通指令

● 最近什麼事讓你感覺到有壓力？你如何面對這些壓力？

● 耐心引導自己或個案先找出壓力來源，並且領悟出如何面對壓力。

　　時下很夯的瘦身減肥運動，心靈成因起自缺乏安全感，需要保護、尋求庇護，生活週圍太過擁擠，太過逼迫，想撐開一切。肥胖的問題，因為沒有安全感，就必須抓住某些東西，尤其是食物，快速可以讓人得到填補與飽足感，於是就卯起來一直吃一直吃……好填補內在的恐懼和空虛，而得到某種滿足感。在做過很多肥胖人的個案，回溯過往真的印證事出有因的點，來自於沒有安全感。

　　甚至有肥胖的個案，回到前世居然看到自己在前世是餓死的，沒有食物、找不到東西可吃被活活餓死，讓他今生對食物沒有安全感，只要看到吃的，就拚命的吃，毫不節制的塞，吃多了肯定肥胖的。

　　當一個人的生活情境太擁擠，太過於逼迫，不是單指居家或外在活動環境，還包括了心靈空間。譬如家人對他的關注太過多，讓他覺得窘迫、被層層包圍，他想撐出去，而這種撐出去的感覺，也是造成肥胖的另外一種成因。如果你目前屬於很想加入瘦身減肥行列的狀態，或者希望自己能夠更瘦點，那就好好的靜下心審視自我，先面對這個「成因」，才能解決「果」的問題，相信對你的身材，會有所幫助的。

　瘦身減肥溝通指令

- 發生什麼事讓你覺得沒有安全感？（不斷重複該事件內容，直到穿越為止）
- 我現在非常的安全，我可以保護我自己。（重複這些話至少三十遍以上）
- 感謝我的身體已經於（某年某月某日）圓滿達成（多少）公斤的體重了。
- 觀想光，在光中觀想自己滿意的身材狀態，並重複唸三遍上一句指令。

　　如果腳常常受傷或扭傷，既然是腳，代表跟行動有
關，跟走出去有關，那心靈的成因，是受限了自己，障礙
了自己，自己不想走出去，走不出去、被限制障礙住了，
而限制的人，通常來自於自己，當然也可能來自於身邊的
人。

　　有一次，我在泰國那邊演講，有一個太太聽到我這麼
說，她舉手說：「欸，老師，不對啊，我很想走出去，很
想出門的啊，可是我的腳爲什麼受傷了？」

　　「那妳是怎麼受傷的呢？」

　　「我先生開車後退的時候，輾到我的腳。」

　　「那如果是這樣的話──」我說：「應該是妳的先生，
是不喜歡讓妳出門的對不對？」

　　她直點頭：「對對對！」原來她的先生一直不想讓她
出門，可是她很想出門，他們會爲此有所爭執，她先生限
制了她，障礙了她的行動，以至於形成她無形中的罣礙與
壓力。

腳受傷溝通指令

● 為何不想走出去？（重複的問，讓自己或個案說出領悟）

● 是誰限制了你？是誰障礙了你？（重複的問，讓自己或個案說出領悟）

　　有很多人常常手會出意外、受傷導致手不能動，那這意味了什麼？

　　當做到手軟，不想再做了，付出跟回收不成比例，無法創造，一直努力付出卻得不到回饋，或兄弟姐妹的心靈受傷了；會讓你的手常常受傷、出意外。

　　手受傷意外也是一種徵兆，也許是跟你情同手足的某人，因為你某一個行為，而讓他們心靈受傷了；所以要懂得去觀察這個徵兆，原來我們的身體，跟我們周邊的人都有息息相關的關聯性存在，這是一個很有趣的概念。

手受傷溝通指令

- 什麼事讓你不想再做下去了？

- 為什麼付出跟回收不成比例？（重複的問，讓自己或個案說出領悟。）

- 發生什麼事讓你不敢創造擁有？哪些東西是你能創造擁有的？哪些東西是你不可以創造擁有的？（重複的問，讓自己或個案一件一件指出來，直到自己或個案領悟出他可以創造一切為止。）

我們有時候不小心會遭受到意外，譬如騎車摔倒、出車禍、跌倒、撞傷、骨折，或者刀傷、燙傷之類的，這種意外傷害，因為當時的傷害太突然或太嚴重，會讓人的心靈，卡住在那個時間點，導致無法改變，而且因為這樣子，肉體的疼痛就一直存在著，要恢復需要很長的一段時間，只要引導當事者去面對，穿越當時被意外傷害卡住的時間點，通常會有很大的改變。

遭受到意外傷害的心靈成因，來自於靈魂不在身上、卡在過去曾受傷害的時間點、或是想得到別人的關心，想

得到家人的愛。舉我的家人為例，我的孩子，曾經過一戶家裡發生瓦斯氣爆的現場，當時她就在附近，整個爆炸聲非常的巨大，對一個小孩子而言，她當場嚇壞了，而且那一場爆炸，現場有人就這樣往生了。

　　雖然小孩平安回到家，可是我觀察到她那一個多禮拜整個人不對勁，而且魂不守舍，並常常出意外，那代表什麼？她的心靈卡在那場意外事件上。我溝通這孩子，引導她回到那個時間點，不斷的重新經歷、面對那場恐怖意外，請她回到當下並穿越之後，那些身體不對勁的現象，立刻不見了。

 意外傷害溝通指令

- 請回溯到意外傷害的時間點，當時發生了什麼事？（引導個案回到意外傷害發生的時間點及地點，精確的說出傷害的細節過程。）
- 請再次重新經歷當時的事件內容。（引導個案回到意外傷害發生的時間點，不斷重複經歷整個傷害過程。）

　　對於愛的認知扭曲，在生命中缺乏喜悅、缺乏愛，是造成心臟疾病的一種心靈成因。曾經溝通一個很典型的心臟病個案，是一個女孩，在回溯小的時候被處罰時，爸爸都會把她的頭壓在馬桶裡面，用馬桶的水沖她的頭，等到都快窒息了，再把她的頭抓出來，然後跟她講：

　　「我這麼做，是愛妳的，妳知道嗎？」

　　各位，對這個女孩子來講，當她的頭被壓在馬桶裡，爸爸竟然還說：「我這麼做，是愛妳的！」她對愛的認知是什麼？愛，等於我的頭必須壓在馬桶裡，被馬桶的水沖，愛，等於我快被窒息了，再把我拉出來，這樣叫做「愛我」？她對愛的認知被扭曲了、誤解了，也因為這樣子，她的心臟就跟著扭曲了。

　　記得很多學校的老師，會打孩子的手，這些老師用美其名叫做「愛的小手」來打孩子，打人就打人，請不要解釋成「愛的小手」，對孩子來講，愛等於什麼？必須忍受被打，這便是對愛認知的曲解。

　　心臟病另外伴隨而來還有什麼？就是心血管的問題，有的人血脂肪過高、膽固醇過高，導致心臟的疾病，屬於這種問題代表生命缺乏喜悅。我們可以注意看看，有些老

人退休了，如果沒有一些工作或生活目標的話，很容易得到心血管的疾病，或因心臟病而往生，爲什麼？因爲他生活已經沒有目標，失去了樂趣，所以血液跟心臟，都是代表愛與喜悅的輸送。

心臟疾病溝通指令

● 對於生命你可以付出些什麼？

● 對於生命你可以得到些什麼？

● 反覆的問這兩句指令，讓自己或個案一項一項說出來，直到自己或個案本身領悟到生命的喜悅來自於付出，而不是等待別人給予。

　　退休的老人，我會建議他趕快找一個嗜好給自己，比如打打牌、去旅行、做個圓夢計畫……最好的嗜好是什麼？做公益，因爲付出，會得到喜悅感，人生來習慣是不斷的要這要那、不斷的索求，心反而是匱乏的，生命是沒有喜悅的不滿足，而且總有恐懼會失去什麼。

　　當有天發現，可以不斷的給予、不斷的付出、不斷的分享時，反而會啓動能量交流，會讓你得到一種喜悅感。

各位朋友可以留意一下，在台灣最典型的代表人物，就是著名的老演員，孫越叔叔，從演藝界退休之後全心投入公益事業，你看他越老越快樂，因為他不斷的在付出與分享。

很多人退休之後，去做公益、做志工或義工，他們反而活得更久，這代表了什麼？他們生命是充滿喜悅的，因為他們懂得付出，從付出之中，他們的生命得到了一種喜樂感，讓自己更有存在的價值。

常常看到很多宗教的信徒，會因為宗教信仰而壓抑了自己，因為法師會跟他講：

「不能爭辯、動怒！」

「一念瞋恨，會火燒功德林！」

「凡事修行、要忍辱！」

壓抑自己憤怒情緒，不能表現出來，或不敢拒絕，通常代表這個人，明明很憤怒，可是為了修養，只好和自己的肝臟過不去。修習忍辱、不起瞋念，這都是正確的觀念；可是有時候因為過度的壓抑，反而導致不敢表達自己的憤怒情緒，通常有肝病的人，這些人都屬於好好先生，即便是心裡明明很在意有人對他做了些不愉快的事，他還

是會咬牙忍耐。

　　中文字「忍」，是心字頭上加了一把刀，而且用一個東西，把這一把刀壓抑住了不要讓它出鞘，就好像說有人傷害我，我很生氣，我想表達，可是不行我要修習忍辱，我要壓抑，所以我那一把刀插在自己的胸口上了。壓抑了自己，不要讓這一把刀出鞘，這個就是隱藏的憤怒，如此壓抑久了，沒有得到釋放，我們的肝，就出了問題，所以你看，肝病爆發出來的時候，通常就一發不可收拾。可是沒有爆發出來之前，是沒有感覺的，那代表這種隱忍不發的情緒，被埋得很深、一再加壓隱藏，這就是肝病的心靈成因。

肝臟疾病溝通指令

- 內心深處的你在在意什麼事？
- 內心深處的你在憤怒什麼事？
- 反覆的問這兩句指令，讓自己或個案一項項說出內心在意或憤怒的事，直到自己或個案釋放並領悟到事情必須表達出來。

　　腎臟有問題的人，心靈成因通常代表在他的情感上，或對某個人的一段感情，有了狀況，所以會在腎這個與兩性相關的臟器出現疾病。

　　有一次我上了電視節目播出後，有個太太打電話來問我，說她腎發炎了，而且很久一段時間都醫不好，她問我：「這到底怎麼一回事？」

　　我當時的回答是：「如果我沒有猜錯的話，妳跟妳的先生感情上出了問題，而且這個問題一直持續很久，僵在那邊，並沒有改善但也沒有惡化。」

　　這個太太非常訝異：「老師你完全說對了，老師你會通靈喔？」

　　「當然不會，我是根據我的研究學理，推算出來的。」

　　「我跟先生分居七年了，一直沒有改善，可是也沒有惡化，也沒有離婚，就一直維持分居狀態。」

　　很顯然的，這個太太的腎發炎了，也代表他們夫妻的感情發炎了，斷定她沒有惡化，是因為她只是發炎並沒有形成腫瘤，或者洗腎，沒有嚴重到這種程度，但如果是嚴重到這種程度，代表事情已經惡化了。

　　我們講心靈成因，會形成肉體的疾病，或對應的器官

徵兆出來，這些器官透過疾病的現象來顯化，便是已經有
了一些狀況出現了的原因。

 腎臟疾病溝通步驟

● 你的感情事件發生了什麼事？

● 是否有一件情感事件難以面對？

● 是否有一件情感事件你想放棄？

● 耐心引導自己或個案重複說出事件內容，並引導化
解其事件內容。

發現問題之後

　　深層溝通技術既然可以引導一個人，從果溯因，那麼發現問題的答案就不難了。一旦找出問題的成因之後，該怎麼來面對處理？在個案溝通引導技巧裡，更重要的反而是「面對」。

　　有人問我：「該怎麼面對？」

　　我的回答很簡單：「必須讓自己重新再經歷一次。」

　　重新再經歷一次，你會如何做？

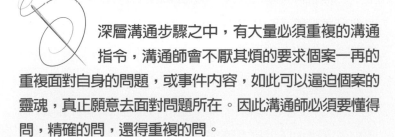

　　深層溝通步驟之中，有大量必須重複的溝通指令，溝通師會不厭其煩的要求個案一再的重複面對自身的問題，或事件內容，如此可以逼迫個案的靈魂，真正願意去面對問題所在。因此溝通師必須要懂得問，精確的問，還得重複的問。

　　經過大量與重複的問，個案的靈魂，一旦眞的願意面對癥結了，接下來的溝通步驟，就是引導個案「化解」。該懺悔的就引導懺悔，該寬恕的就引導寬恕，該放下的就引導放下，有些時候，放下也是一種很不容易做到的選擇。總而言之，就是用心去感受，並穿越自己一直所逃避、所不敢面對的「結」。

　　個案若能穿越了自己一直所不願面對的心結之後，對個案本身而言，就是一種莫大的釋放與解脫。如此一來，可以讓人眞正的蛻變、覺醒，並且不再重蹈覆轍，再跌進過去的循環模式。一旦改變了一個循環模式，不就等同於解脫了一種輪迴模式嗎？

　　對溝通師與個案而言，整個深層溝通的過程，不就類似進行了一場「心靈探險之旅」？爲何我把這樣的過程說成探險之旅呢？因爲這是一場由內而外，喚醒心靈自我覺醒，解脫釋放的旅程，一開始誰也不會知道會發生什麼事？因爲溝通師與個案，都不能帶有任何主觀的目的或意圖來做溝通，所以每次溝通就像是一場心靈探險，途中是

否會殺出些什麼石破天驚？難以預知，深晦莫測。

　　每次的溝通過程，基本模式幾乎都一樣，一開始，從事件的果溯及過往，尋找到因。面對因的過程是艱難的，一般而言，個案幾乎都不願面對，會很痛苦、會閃躲、會隱瞞、會逃避、會合理化所作所爲、會辯解，或沉默、不斷哭泣。當溝通師耐心的一再要求重複面對時，有些個案會憤怒、會攻擊、會逃離，其實這些過程都是正常的現象。

　　最終個案自己會慢慢平靜下來，願意敞開面對。

　　整個溝通過程，個案開始情緒起伏很大，漸漸的個案靈魂會領悟，是到了必須解脫放下的時候了。有的人開始不再那麼執著，願意面對、懺悔、寬恕、放下了。在化解的過程中，個案自己會看到靈魂體的光，漸漸的被自己點亮了，而個案的淚水，正是洗滌心靈最佳的工具。溝通師此時就如同一面明鏡，不斷的來回引導個案去看清楚自己的心靈狀態，說眞的，有些個案的內容會讓人爲之讚嘆，令人爲之動容，生命的光輝，常在此時湧現。

整個深層溝通的過程，像是一次覺醒之旅，克服了心靈深層的恐懼、內心的悲傷、過往的失落……也撫慰了靈魂破損的缺口。

所謂的「深層溝通」並非治療，因為治療是二元對立的觀念，比如醫生治療病人，身上長了腫瘤就割除，痛了就止痛，發炎了就消炎……這些都是對立的，而深層溝通並非如此，深層溝通是個案自我的突破與釋放。

 溝通療癒是一種面對，透過內觀去面對自己一直不敢面對的傷痛、孤單、失落、恐懼等等，是一種由內而外的生命歷程，所以並沒有誰來療癒你，能夠療癒你的人，永遠是你自己，深層溝通，只是提供可以讓你內觀自己的方法罷了。

有人問：「林老師，你可以幫忙療癒我的疾病嗎？」或是：「在你的深層溝通課程中，你會用能量幫我們治療嗎？」

當學員會這麼問，我就知道學員誤解我的概念了，我必須強調：我沒有任何能量可以治療任何人，我不會通靈，深層溝通當然更不是靈療。一直以來，我個人最反對用通靈或怪力亂神的方式，來處理「人」的問題。

 切記、切記

一旦透過外力來加持你，或發功給你能量，來處理你任何問題的同時，你已經在貶低自身的療癒力量，也喪失了自我覺醒的可能；同時還助長了對方的貢高我慢心（佛家常用語：指傲慢心之意），兩造雙方，都無法得到根本解決。

我常告誡學員或求助的個案：「不能依賴我，或崇拜我，因為我沒有任何能量來療癒你，我只是提供一種深層溝通的技術，來引導你內觀，並喚醒你自己內在的那股偉大的療癒能力罷了。」

深層溝通技術如同一面鏡子，是你自己在鏡
子前，勇敢的面對了自己，喚醒了自我，進
而改變了自我的一生。真正的療癒不是二元性的，沒有治
療或被治療的存在，也沒有療癒者或被療癒者的概念；因
為療癒者是你，被療癒者也是你自己！

　　在你生活的四週圍，存在了許多問題，這些問題都是
二元對立的存在，夫妻之間的問題，親子問題，人際問
題，金錢交易，身體疾病等，都會讓你起煩惱。這些對應
的問題存在，看似每個都是獨立個體，其實都是「全像式
整體的存在」，因為每個獨立存在者都互為鏡子，當你明
白此原理，你就會發現，存在你身邊所有的人、事、物，
其實都是你心靈投射的鏡子。

　　試問：「從鏡子中你會看到誰？」

　　「自己！」

　　答案永遠是你自己。

　　而我所設計的深層溝通技術，就是那面鏡子。

　　基於這樣的論點，我們確實觀察到有許多個案，得了
慢性病，怎麼醫都醫不好，無法痊癒，他們長期擁抱著疾

病在自己身上，不願放手，寧可讓自己痛，讓自己苦，同時也讓身邊的家人得到同樣的痛，同樣的苦。其實是可以不必要如此辛苦的彼此折磨，既然真正的療癒者是自己，只要肯面對，願意釋懷，真心放下，真心誠意懺悔不對的言行，或寬恕對方，一切病苦的問題，倘若就此可以結束，生命得到釋放重生，不是很好嗎？而決定解開心結、打開心鎖的人，就是我們自己啊！

第二章

師父領進門

透過一對一的溝通模式，引導個案將埋在心裡深處的罣礙、心結、隱瞞，表達出來，這種傾聽稱之為「唯識深層溝通」。

　　如果這些心病問題，沒有改變或解決的話，就會透過我們身體的不同部位，呈現不同的病兆，這與中醫學上的病有情志內因，主宰著健康的說法，是一致的。

唯識深層溝通

　　坊間有很多的素食餐廳，或者是寺院、佛堂、道場，擺了許多的善書，讓大眾來結緣，其中有一本是《王鳳儀先生嘉言錄》。乍看之下我很好奇，拿了本來翻翻看，才知道王鳳儀先生竟然有一個本事，他會為人家「講病」！

　　所謂的「講病」，不管你身上生了什麼病，透過王鳳儀先生一講，把你的病給講好了。其實是他講出了你的心結，講中你的內在想法，很多人也真的因為這樣不藥而癒，在此讓我們先對王鳳儀的生平，做個簡介：

　　王鳳儀是在清末民初，專門講道德倫理的一個人。生在清同治三年十月，也就是民國前四十八年，名速同，字鳳儀，出生於熱河省朝陽縣樹林子村，他家貧如洗，生活非常困苦，也因為這樣他沒有錢念書，是一個文盲。但他自小立志學習，立志當一位「大好人」，所以他對於倫理

道德的觀念非常看重。在這樣的時空背景下，《王鳳儀先生嘉言錄》在當時廣爲流傳，他也到處演講。那時有很多人得了病，卻因爲醫學技術不發達而無法醫治，慢性疾病只能拖著等待死亡，卻都在王鳳儀爲他們講病後，漸漸康復。

王鳳儀講病的原理是什麼？爲什麼在講病過後會好？我觀察出他個人對於人的心性非常的了解，可以說是以道德倫理爲藍本、以因果爲軸線、以業力爲法則，在這基礎下，透過他的講解之後，可以看出一個人的心性是什麼狀態？什麼樣性格的人，會得到什麼樣的病？是有其一定的原理存在。如果性格沒有改變的話，病也就醫不好。所以王鳳儀事先講出個案內心的狀態，不管是心結、習性，或者脾氣；尤其習性或脾氣，可以說是造成疾病最大的成因。王鳳儀提到他講病使用的三種方法：收心法、順心法、養心法。以現代人的眼光來看，還是很有意思的。

● 收心法

多數的人，在生病的時候會心慌意亂，六神無主，精神恍惚，所以王鳳儀先用「收心法」，喚醒病人的信心，告訴病人要真的相信他，才有辦法救治你；如果不信，就

另請高明。病人爲了恢復身體健康，迫切渴望病能治療成功，彼此間的信心便先由此建立。

● 順心法

接下來王鳳儀請病人訴說自己心裡難過的事，把內在的心結、有所隱瞞、罣礙的事，全部都表達出來。即便是現代的心理治療，很多心理師也在臨床上，看到病人內心的積壓越掏就越痛快，精神也會振作起來；這便是王鳳儀所說的「順心法」的效果。

● 養心法

詢問病人是否有宗教信仰？如果有，希望他對自己信仰的神懺悔；如果沒有宗教信仰，便請病人向自己的祖父母、祖先或自己家族中的長輩，來做悔過的這個動作，讓個案面對自己的良知，真心面對化解。

數十年來，在研究深層溝通的這個技術過程中，我看到了很多的因果法則、道德良知的問題、業力的原理，所以在爲個案做溝通時，會引導個案講出他心裡真正的問題，只要個案肯講、肯面對，或是發現自己需要懺悔的地方，真心的懺悔之後，通常個案的心病，或因心病而起的健康問題，也會不藥而癒。

　　唯識深層溝通，就是以《唯識學》理論為基礎，所發展出能夠傾聽，並引導個案溝通表達的一種方法。而一個訓練有素的「專業深層溝通師」，必須透過學習相關的理論課程、溝通步驟，加上實習演練，通過嚴密的考核，才能夠有技巧的引導個案，傾聽個案心聲，找出個案心靈種子，有效的引導出個案不願面對的心結。

　　源自於二千多年前，印度佛陀的年代，研究人類的心靈狀態，把人的心識，剖析為八大意識，也就是分成八個不同的心靈機制結構：眼識、耳識、鼻識、舌識、身識、意識、末那識、阿賴耶識。

　　這八大意識，前面五種識比較容易了解，是肉體的感官功能，眼睛所看到的「眼識」、耳朵所聽到的「耳識」、鼻子所聞到的「鼻識」、舌頭所嚐到的「舌識」、身體所能碰觸到的「身識」，所有感覺到的，都屬肉體的功能。

　　第六識為「意識」，也就是我們平常思考，判別，分析的指揮中心，它接受前五識的資訊，來做結論決定，就是我們的第六意識。

　　第七識「末那識」，是一種執著於自我的識體，作用在於恆審思量，會執著於所見、所聽、所聞、所儲存的各

種檔案資料，會以為這就是「我」，因此而產生了「我執」。所以末那識又名「我愛執識」，會執著於第八識的一切種子，都認為是「我」，而持續的執行這個「我」的功能，所以稱作為「我執」，這就是「末那識」的功能。

第八識「阿賴耶識」，在古梵文裡就是「藏」的意思，有庫藏、儲存之意，所以又名「藏識」。這第八識就如同我們電腦一樣，會儲存這部電腦所有的檔案資料，包括過去到現在，所輸入的任何檔案資料，都會儲存在這個電腦的記憶庫，而儲存人類的心靈狀態的阿賴耶識也是一樣。

我們的一生過往當中，包括累世、累劫所發生的所有的善惡、對錯、體驗經歷過的所有事件，都形成了心靈檔案、資料，在唯識學裡稱之為「種子」，這種儲存過往的檔案資料，便是「心靈種子」。

心靈種子是一切業力寄託的所在，也是前七識所有的根本，人類所賴以生存的世界，全是由它變現而來的。因此前六識所輸入進來到第八識的資料，猶如種子一樣會儲存，就像電腦的記憶體所貯存的檔案一樣，只要指令條件

符合了，這個資料隨時都可以提取出來。所以第八識只管儲存，本身沒有判別能力，有關於善惡、是非、對錯它是沒有辦法理解、分析的，因爲它只有儲藏的功能。

第八識所儲存的資料我們稱爲「種子」，又稱之爲「識種」，而第七識會把這些種子的執著，當成是「我」，誤以爲是自我的實體，所以不管這些種子是好、是壞、是善、是惡，都會當成是我——我這人，天生就是這個樣子！因此造成許多人，做出一些非理性的行爲，固執、甚至是非不分，生活常常被這些誤認的種子及心識的狀態所影響，而且不自知、不自覺。

這好比電腦檔案裡的病毒，電腦本身是無法判讀的，只要符合某種情況，電腦會以爲這些病毒的檔案是正常的資料，並且執行這個資料，導致電腦當機或毀壞。人也是一樣，在心靈所儲存的種子，也會在某個因緣條件具足之下，被第七識的功能叫出來執行，而這個人就陷入了非理性的狀態，無法判別跟分析，甚至有的人會做出不可思議的行爲，或是產生身體疾病，這就是唯識學所說的心靈狀態。

意識 vs. 電腦

　　根據唯識學各種不同屬性的心識功能，我設計出一個
透過溝通，引導個人進入自己的心靈深處，就是進入第八
意識，找出過往所儲存的心靈種子。在這些種子裡面，很
有可能是「有病毒」的種子，會讓人當機、生病、產生偏
差行為的狀況，這些種子，會造成影響人生的困境。如同
電腦主機體一樣，也會貯存到電腦病毒檔案，只要因緣具
足時，電腦的病毒會被叫出來，而導致電腦當機，或資料
毀壞，這跟人類的意識功能沒什麼不同。想想，有多少心
靈的病毒種子，儲存在人的心靈裡面？

每一個人或多或少，難免會有一些不當的行為，形成內心的罣礙，一旦罣礙產生了，心中有了負擔，便必須隱瞞這件事情，不但無法面對別人，甚至無法面對自己，這樣的心靈狀態，稱之為「業種」。佛家對業種講得很直接，表達得一覽無遺，就是過去我的所作所為，心中的罣礙，會來妨礙到我現在及未來的生活，這種罣礙形成的障礙，便稱為「業障」。

人有時會根本不知道自己在做些什麼，這叫「無明」！這個「無明種」會讓人產生一種非理性的行為，或者偏差錯亂的行為。無明種是怎麼產生的？當一個人處在無意識之下，或是意識很薄弱的情況下，經過眼、耳、鼻、舌、身，這五識進來的，沒有經過第六意識的判別、過濾，而直接輸入到第八識形成種子，這種種子就稱為「無明種」。

有個個案，是位房屋仲介業務員，有一次談成了一筆不動產的買賣交易，有數千萬的金額，只要簽約完成後，他可獲得的佣金不少。於是約好一天下午三點正，買賣雙方要在他的公司簽約，合約書都準備好了，那天中午，他一再打電話給雙方，提醒要帶的證件及約定的時間。

　　他自己想：利用中午休息時間，趕回家吃完飯，洗個澡，換身衣服之後，再趕回公司絕對來得及。沒想到洗澡完後，外面下起大雨，而他卻在家裡沙發上睡著了，而且一睡睡過了頭，都已經三點了他還在睡，簽約的雙方人馬準時到公司等他，全公司上上下下都聯絡不到他，而重要的合約書卻在他手上，結果雙方人馬不歡而散，交易因此取消，這位老兄到底怎麼了？

　　透過深層溝通回溯過往，才發現在他小時候約六七歲時去學游泳，不小心溺水，被救生員發現時，才把他拖到泳池旁邊，對他做 CPR。當時的他無意識，全身濕透了都是水，而正巧外面下著大雨，當他被救醒，還處在半無意識狀態下，掙扎著要爬起來。救生員按住他的身體：「躺著別動、躺著別動，先好好休息，救護車馬上就到了。」當時的他身上是濕的，外面下著雨。

　　這句：「躺著別動、躺著別動！好好休息。」形成他的無明種，所以簽約那天，身上剛經歷過洗澡，全身是濕的感覺，外面又下著大雨，於是就在他躺沙發上休息時，「躺著別動、躺著別動，先好好休息！」的無明種跑出來了，因為如此，只要是因緣具足，下雨天，身體有濕的感

覺在，他就會「躺著別動、好好休息」了，這就是無明種的影響力。

　　唯識學裡說到，種子的另一個別名，稱作「親因緣」，也就是說種子有親因緣的屬性，意思是某個人在意識薄弱的情況下，出現悲傷、難過的情緒之中，若有某些人對他特別的安慰、照顧、支持、同情，會讓他對對方產生好感，形成了所謂的因緣種。

　　所以一個靈魂，怎麼會投胎成這對父母的小孩？通常過去這對父母，一定是跟這個孩子有因緣種的產生，透過今生的方式，來得到一種回饋跟補償。所以因緣種也會讓我們對某些人產生好感，或者是特別的因緣，比如夫妻、至親至愛的人，都是因為有因緣種的牽繫。

　　我們透過溝通判別這些種子，並將不好的病毒刪除，有些由這些種子造成的疾病，便真的得以康復。數十年來我真的發現到，人類心靈的種子會影響身體疾病的產生，很多人身上的疾病，都是受到過往的心靈種子影響，而這些心靈的種子，儲存了我們過往的傷痛、罣礙、隱瞞、貪、嗔、癡，不可見人的一面，都記錄在心靈種子裡面，所以唯識學所說的理論，非常的精妙。

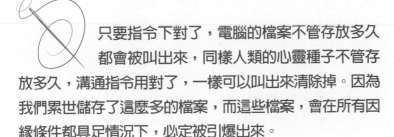

只要指令下對了，電腦的檔案不管存放多久都會被叫出來，同樣人類的心靈種子不管存放多久，溝通指令用對了，一樣可以叫出來清除掉。因為我們累世儲存了這麼多的檔案，而這些檔案，會在所有因緣條件都具足情況下，必定被引爆出來。

當有流行性的傳染病發生的時候，有的人就是很容易被感染，有的人卻不會。答案很簡單，容易被感染的那些人，在這樣的因緣條件下，具足的種子被開啟形成疾病的果；而不容易被感染的那些人，貯存的資料庫裡面沒有這個心靈種子，所以再怎麼接觸這些病毒，還是不會受到影響。所以這也解釋了在疾病傳染的過程中，縱使在同一個空間，為什麼有的人會受到感染，有的人不會，這都跟心靈的種子有關。

從這麼多年的溝通經驗中，發現到人會因為過往的傷痛，一直耿耿於懷，無法釋放，因為懷抱這些舊的傷痛，長期累積下來，就容易會得到慢性病或是與傷痛有關的疾病，例如痛風、風濕、高血壓、中風，糖尿病，紅斑性狼

瘤，腫瘤……許許多多的慢性病，都是來自於很多的過往的傷痛。

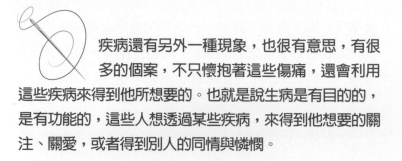

疾病還有另外一種現象，也很有意思，有很多的個案，不只懷抱著這些傷痛，還會利用這些疾病來得到他所想要的。也就是說生病是有目的的，是有功能的，這些人想透過某些疾病，來得到他想要的關注、關愛，或者得到別人的同情與憐憫。

捫心自問，我們從小到大，都生過大大小小不同的病，我們誠實的回答自己，當我們在生病的時候，內心是不是有個想法：「想透過這個病，來得到某種意圖？」

想要得到誰的關注？獲得到某人的愛？或多或少有這種情況存在的個案，有時候我在做溝通時，個案只要真肯面對心結，明白自己在演戲，也清楚自己再演下去也是沒有結果，當他想通了，不想再演下去的時候，這個病就自然而然好了。

一個六十八歲的老先生，因為高血壓中風兩年多了，導致一手一腳不能動，嘴歪眼斜。當他來找我溝通的時

候，模樣看起來真的非常的辛苦，一跛一跛的拄著拐杖進來。溝通當中我發現，這個老先生年紀很大，卻娶了一個四十幾歲的老婆。但他的太太紅杏出牆，在外面有了男人，可是這位老先生又非常愛他的太太，並不想離婚，只能又氣又惱，卻又捨不得放棄他的老婆，這種心情很難表達。也因為火爆脾氣，他的兒子不想回家，所以在他中風之後，太太及兒子有一餐沒一餐的照顧他，他因此更不滿，更加憤怒，常常因此而發飆。

溝通當中我驚訝發現，他原本一手一腳不能動，嘴歪眼斜，講話原本很辛苦，甚至會聽不清楚說話內容，可是當他在訴說老婆紅杏出牆的事時，異常憤怒，說話特別大聲，也特別流暢，不能動的手腳，也跟著手舞足蹈起來。於是我明白了，老先生只是想利用這個疾病，來換取他太太及兒子對他的注意，想「演」給他的家人看，想得到家人的關懷照顧罷了。

當我明白這位老先生所想之後，便問這個老先生：「我明白了，你還要再演戲嗎？」

「我哪有在演戲？」老先生一本正經：「我真的是中風的人呀！」

「我了解了，你還要再演嗎？」我再次提醒。

「我明明就沒有演戲，醫生說我是中風，還開藥給我吃。」

「我了解，你還要再演嗎？」

「我在病床上，已經躺了兩年多了，我一手一腳不能動！」

「是的，我了解，你還要再演嗎？」

「我每天都要吃中風的藥。」

「我知道，我了解，你還要再演嗎？」

我就這樣持續的問他，重複的問了他二十幾遍，這個老先生突然大力的拍著桌子：「我不要演了啦，我演給誰看啊？太太跟兒子都不回來，我演給誰看？」

當他決定不演的時候，我說：「好，如果你真的不想演了，那麼麻煩你用那隻不能動的手，把桌上的水拿起來喝。」

他做到了。

我又要求他：「等一下走出去的時候，不要使用拐杖，用你的雙腳好好的走出去。」

他做到了。

　　帶他來讓我溝通的那位學員嚇壞了:「老師,你是怎麼做到的?他已經中風了兩年多,你溝通兩個小時,他就康復了?」

　　我看著他會心一笑,其實這個老先生,只是透過讓自己生病的這種方式,讓自己一手一腳不能動、嘴歪眼斜、躺在病床上的目的,只是希望他的太太能夠愛他、關注他,希望他的孩子可以常回家。問題在於他演得很辛苦,可是家人卻都看不懂,當他不想演的時候,病也好了,透過病來演戲,也是一種莫可奈何的模式吧?

　　有個七十二歲的老先生,得了帕金森氏症,全身癱瘓坐著輪椅來上課,當時的教室是一個三樓的中心,必須有人背著他上樓梯,另外一個人則協助他把輪椅搬上三樓教室,上廁所也一樣,必須有人推他坐輪椅去廁所,上完廁所再推回來,所以他上課的過程真的非常的辛苦,但是他還是很認真的把前兩天的課程上完。

　　到了第三天的時候,這個老先生居然可以自己爬樓梯來上課,他不必坐輪椅了,去廁所也自己走,三天課上完之後,回家後他可以去公園跑步、散步了,完全恢復正常。過了一個多月之後,他的女兒來找我:「老師,為什

麼我爸爸上課後一個多月，已經可以跑步、散步，完全不需要輪椅，身體健康得很。可是昨天，不知怎麼的，又開始坐起輪椅了？」

「你們家，最近是不是有什麼事情發生呢？」

「前天跟爸爸說，再過幾天我要回美國，講完隔天，爸爸又開始坐輪椅了。」

「那不就是了嗎，爸爸在演戲給你們看。」

「老師，我要回美國是既定的事實，怎麼辦？我爸爸這個樣子，我怎麼放得下心回美國呢？」

「妳回家要跟爸爸講，回美國是改變不了的事實，但那絕對不代表我不理你、不愛你，回到美國之後，還是會常常打電話給你，只要有假，我都會回台灣陪你，不管我人在哪裡，我都是愛你的，請不要再用身體的疾病，演給我看了。」

從這個案例看得出來，這位爸爸害怕失去女兒的關懷，透過這樣的方式，讓自己癱瘓、讓自己無法走路，都是為了要贏得孩子的牽掛，留下來照顧他，便透過生病的模式，來企圖索求成全心願。

在與個案溝通過程中，常見的另外一種致病的模式，就是當事人自己的怨氣沒有解，導致自己的身體生了病。這怨氣，很多時候是來自於誤解、傷痛、遺棄、背叛，或是因為個人的情緒管理不當所導致。

自己的所作所為，讓自己沒有辦法面對自己，也就是我們所說的「造業」；一個人有了業種，會在身體裡面產生不一樣的變化，我發現許許多多腫瘤的個案，或多或少，本身都有心病的業種，長年累月的積壓，影響了健康。也有人會因此全心全意投入宗教，希望經由宗教來消解自己的業障，可是往往宗教要求的道德標準偏高，在這個氛圍下，這種拉扯導致種子所影響的會更長久深遠。

有位出家的比丘尼，未出家前曾經結婚，在婚姻期間內她外遇了，而且是別人的第三者，當然這個事情不敢讓家裡的人知道，也不敢讓周邊朋友知道。雖然後來她自己離婚了，先生也一直不知情，就是因為她不能說，在這樣的情形下生活很辛苦，內心始終帶著罪惡感及內疚，自責過日子。

　　後來她決定學佛，希望透過宗教來解決她自己內心的不安，消除自己的罪過，但宗教的道德觀更加嚴謹，不但沒有辦法解決她的煩惱跟罪業，反而形成她更大的自責、更重的罪惡感。她的胸部長了一顆腫瘤，在溝通的時候她說：「常常跪在佛祖面前懺悔，不斷的透過宗教的儀式，希望能消除過去的罪業，可是並沒有辦法擺脫過去的罪惡感，反而因為宗教的關係，讓罪惡感更深、更無法解脫，尤其在宗教團體中，更需有所隱惡。」

　　做深層溝通時，幫她回溯到過往的那些事情，讓她一一的去審視、勇敢面對，勇敢的說出來，當她說完之後，長長的嘆了一口氣，好像把心中的大石頭放下了。事隔半個月，她打電話給我：「這次的溝通，真正得到一種解脫與釋放。為什麼僅僅是這樣的溝通，就有如此大的改變？」

　　我告訴她：「過去妳所參加的法會、宗教儀式，並沒有錯，問題在於妳並不曉得是為了哪件事情在懺悔？而我的溝通只是引導找到妳內心真正的問題、不敢面對的點，只要妳能夠勇敢的說出來，就是一種極大的釋放。」

　　這也符合在佛學裡說過的：當時佛陀要求弟子們，要

去面對一個正知見的人（正知見，為佛家常用語：是指所知所見，都具大智慧的人），說出過往自己曾經犯下的過失，精確誠實的表露出自己不當的行為，並對自己的過往懺悔，這樣的方式當時稱為：「發露懺」。

面對一個正知見的人，就是沒有偏見邪見之人，同時也不會去評估你，或嚼舌的人；把自己的過失，不當的行為內容都說出來，必須勇敢的揭露出過往的不對行為，內在的隱瞞，包括所發生的時間、地點、人，事，物都要表露出來。而這個正知見者，不能有任何的評估或建議，更不可以說出去，當然還要對正知見者，保證永不再犯。

這樣的方式是最好的懺悔，「發露懺」很接近現在天主教、基督教的「告解」。深層溝通的原理，也是非常接近「發露懺」的原理，溝通師就是所謂的「正知見者」，只是我們是有技巧、有步驟的，引導一個人來面對自己，而且這些技巧是人人都可學的，只要遵守我對溝通技術的要求。

一個好的溝通師，要遵守「六不原則」：

一、絕對不能對個案有任何的評估。

二、絕不能將個案的名字、內容對外宣說。

三、不能給予個案任何的建議。

四、不能教誨、訓斥個案。

五、不能介入個案事件內容中。

六、不能碰觸個案的身體。

在這些原則之下，才可以讓個案很安全與專業的做溝通，即便我寫書出版，也不會透露個案的姓名、地點，只會針對個案的內容來講述，希望可以喚起許多同質性個案的共鳴與參考。

疾病禮物

記得我在小學三年級的時候，有過一場怪病的經驗，一直持續的發高燒，也因此我跟學校請了長達一個月的病假。父親雖然是一個中醫師，但他對我的病也是束手無策，他帶著我到處求醫，西醫、中醫什麼都看了，也因此住院了幾天，這是我這輩子唯一的住院紀錄。

在住院期間，竟然可以輕易的滿足我想要得到的東西，比如說，父親會買我最喜歡的玩具火車回來；而且我發現生病的時候，才可以吃到當時非常難得、珍貴的日本進口大蘋果。在生病過程中，還記得玩具手槍被表哥玩壞了，當時非常的生氣，氣到馬上流鼻血，而父親居然立刻打開他的抽屜，拿出了一支新的玩具手槍給我。

當時真的很訝異，原來父親早就為我準備好，我所要的一切，後來父親乾脆把抽屜打開讓我看，裡面有三把一

模一樣的、我最喜歡的玩具手槍，還有五六款的玩具模型汽車，都是我所喜歡的。

「原來我生病可以要到這一切，平常時是不可能的。」當然會很感動父親為我所做的，對我用心至深，可是我內心也很清楚，我不該有如此「想法」。

那場病父親會這麼緊張，是因為台灣在 1950 到 1960 那年代，正是小兒麻痺症流行期，所以父親很擔心害怕我是得到這樣的病。從那次住院過後的記憶，一直到現在，我就沒有再住院過的紀錄，可是伴隨而來的是，父親很不幸中風了，因為我是獨子，當時的年紀又小，大概是在我小學四年級左右。

父親中風的治療過程相當的辛苦，也讓家庭經濟陷入一個窘境，導致我也無法繼續就學。在陪伴父親的過程中，我記得很清楚，有一次看到父親非常難過痛苦呻吟，他利用媽媽出門買東西的時候，苦苦的哀求我：「去買安眠藥回來，必須一家藥房、一家藥房的買，分散的去買，才不會引起別人的注意。」父親想了結自己的生命，他痛苦到不想活了。當時的我雖然年幼，但很清楚不能替父親做這種事，可是內心又很掙扎，看他這麼的痛苦，說真

的，我幾乎一度也很想要幫他買安眠藥，希望他一走了之
好了。我杵在那邊不知道該怎麼辦，媽媽回來了，我立刻
逃離那個現場，那個窘境。也因為如此，我才了解到生病
的那種痛，是會痛到讓人想乾脆「一走了之」的那種感覺。
四年後，父親不治往生了。

　　在研究人類的心靈學當中，我明白了當時父親為什麼
會中風，是來自於家裡的一些因素，來自於他當時內在的
憤怒，無從表達。某個程度，他也是在演戲給當時的家人
看，問題是大家都看不懂，不明白病人所傳達的訊息。

　　父親往生後，我跟媽媽相依長大，等我成家立業，沒
想到媽媽也得了肝癌，而且還被醫生宣告：「可能活不過
六個月。」我背著她到醫院做定期治療，當她必須進入化
療階段後，每次我背著媽媽進出醫院，完全可以感受到媽
媽內心的恐懼、害怕。雖然化療並沒有那麼痛苦，但引起
的副作用卻非常的可怕，在治療的過程，媽媽是極度恐懼
跟不安的。

　　我也很無奈，因為我雖然在旁邊，卻沒辦法替她分擔
任何一件事，我只能背著她羸弱的身體，不斷的接受治
療，最後媽媽還是因為肝癌不治過世，但卻比醫生所預期

的六個月還要多活一年半。其實我覺得，一個醫生不應該斷然宣布「病人存活的日子還有多久」，這樣的過度主觀是不對的，因爲有時候眞的會把病人給嚇死。

在母親往生後，說也奇怪，我承包了幾家醫院的工程，加上親友間，總有人相繼進出醫院，以至於我從中學會了觀察醫院中形形色色的動靜。比如觀察病人的心態、許多病人生病的目的到底是什麼？他們眞正要的是什麼？並深入研究他們心靈當中，因著生病，似乎都有他的目的跟所求。

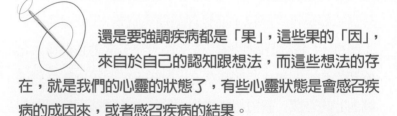還是要強調疾病都是「果」，這些果的「因」，來自於自己的認知跟想法，而這些想法的存在，就是我們的心靈的狀態了，有些心靈狀態是會感召疾病的成因來，或者感召疾病的結果。

從事人類心靈機制研究數十年來，如實發現人的心，確實可以創造一切，目前我們所看到的一切，不都是因爲我們的心所創化出來的嗎？內在心靈的想法，創化了人們疾病的現象，所以我必須做的一個結論：疾病，眞的是人

類心靈創化出來的一種實象！既是實象也是假象，眞的很假、假的很眞，爲什麼說疾病是假的呢？我分享一次自身體驗疾病是假的經驗：

在十幾年前吧，我去澳洲，到達後的一個禮拜，居然重感冒了，我流鼻血、頭痛、發燒，而且感冒到骨頭都痠痛，以我過往的經驗，是重感冒沒錯。但那次我堅持不吃藥，因爲那段時間我在學習一些課程，是不允許我吃藥的，就在那一整天的感冒當中，讓我非常的辛苦，不斷的頭痛、發燒、流鼻水，很不舒服的感覺。

當天晚上，回到住宿的地方，吃完晚餐後想躺到床上休息一下，上床之前我突然想起過往也有這樣的經驗，就是小學三年級的那場病，回想爸爸帶我到處去看醫生，因爲那場病而住院，跟學校請假一個月，我想起所有的過程，回溯完這一切之後，我就自然而然的睡著了。

記得大概睡了四十幾分鐘吧，醒來之後發現，怎麼我的感冒症狀好像都不見了，喉嚨不痛了、不再打噴嚏流鼻水、連骨頭都不再痠痛、也沒有發燒的現象，我又繼續睡，隔天早上醒來的時候，非常確定身上的病痛完全不見了，也就是說，那次的感冒，只維持了二十四小時而已。

這是不尋常的，過往我的經驗只要一感冒，不要說是二十四小時，可能一個禮拜都還不會好，甚至還得靠吃藥才會讓身體比較容易好，這次完全沒有吃藥，只是突然回憶起，小時候那場病的過程，沒想到就這麼一覺醒來，症狀就完全不見了。

我當時很深的一個領悟就是：疾病根本是假的！

疾病都是我們自己創化出來的，而我在想，有可能是當時在某個因緣條件具足的時候，喚醒了我的那場病，提醒我自己再面對一次而已，然後就這樣穿越了。自己都覺得有點莫名其妙，但是我非常的肯定，疾病是假的，病的時候真的很痛，痛起來真的要人命，可是也真的很假，假的很真。

 既然我們的心可以創化出一切的現象，當然也可以創化自己，包括創化疾病。人類創造疾病是有其目的，當一個人生病的時候，必須先感恩這個疾病的示現，因為只有生病的時候，才會停下腳步好好問自己：「我到底怎麼了？」、「為什麼是我？」

　　當一個人躺在病床上不能動的時候，通常會有這種反觀自己的想法出現，平常都是問「別人」：「他怎麼了？」或是「你怎麼了？」只有在生病的時候，才會停下來問問自己：「我到底怎麼了？」在內觀自己的同時，疾病就是逼病人本身，面對自己內心的機緣。所以某個程度來講，疾病是讓一個人內在轉化、提升、蛻變、內觀的一份禮物。

　　如果沒有蛻變成功，反被自己的疾病障礙絆住，無法跨越自己的關卡，那麼疾病就是一個障礙，甚至一輩子糾纏直到往生。那麼疾病的降臨，對病人本身是「禮物」？還是「障礙」？這就要看病人本身，是用什麼態度，如何看待自己的疾病了。

第三章

傷腦筋的這個我

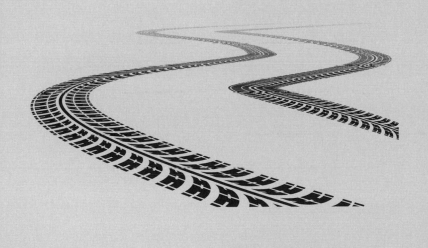

喚醒內在自我療癒的力量，你就是療癒大師！

　　任何疾病發生的因緣，都只是在逼我們往內觀事情的因緣而已，所以無需外求。

　　療癒的力量，永遠是在你自己的心，過度依賴外求或入侵式的方法，只會讓我們自己更沒有能力來療癒我們自己。

沉默的抗議

　　心病的成因，也可算是一種自我沉默的抗議，端看當事人自己，肯不肯抽絲剝繭的去面對，從成千上萬溝通個案中，我發現非常有意思的起心動念「出發點」：

　　● **尋求別人的可憐，同情**

　　有些人會利用生病來讓自己處在很可憐的狀態裡面，需要別人同情他、憐憫他、甚至接濟他、救助他。然而同情與可憐，是所有負面情緒的狀態中，最最負面的一種想法。這種最負面的想法只會讓人更加的可憐，沒有能力，而不會有所改善。

　　通常是嚴重缺乏自信的人，或者毫無生財能力，毫無創造力的人，很容易陷入的一種狀態，而如此的心靈狀態所感召來的心理疾病，通常都是殘廢、癱瘓、慢性病或者讓自己動彈不得的疾病。

● 利用病來感受特權

有一些病患會向人處處宣告：「我是病人，所以你們要對我如何如何！」要求別人要服侍他，忍讓他。出門搭飛機要求要坐商務艙、頭等艙，或坐在輪椅上他可以優先登機、先提行李，或者要求住的地方要寬大，因為他需要空間、需要空氣，他所需要的東西，都要立刻得到，不能得罪他。因為他是病人，要尊重他的感受、他的情緒，否則疾病會更加嚴重，因為他是「病人」！

而且這些要求，都會被寬容、理所當然不去計較，因為這是病人才有的「特權」。通常這種的病人，不需要醫治，因為這種病是醫不好的；他根本不想要疾病離開他。一旦疾病好了，所有的特權都將消失，所以病人會長期緊抓著藥物不放，長期依賴醫藥，他不允許疾病會好，因為他「是病人」。

● 懷抱過去的舊傷痛，無法釋懷

每個人的過往，難免會受到重大的傷痛或事件，比如：親人往生、被遺棄、失戀、背叛、事業垮台、重大的失落、性侵害、意外、受迫害等事件。

由於這些事件太過傷痛而無法釋懷。有些情形是刻骨

銘心痛徹心扉、難以承受，往往會讓人的心靈，一直卡在當時的心靈狀態裡無法自拔。雖然生命的水一直在流，從來沒有停過，但心靈一直停滯在當時的狀態當中，不能前進。就如同河流的中央落下一顆大石頭，水流成了漩渦，一直在打轉卻轉不出來，但大河的水還是依舊在流，沒有停過。

● 深層的恐懼，防衛自己，害怕改變

很多的人內心有一股深層的恐懼，是來自於「害怕改變」，這是一個很有趣的心靈狀態。

他認為改變了，這個世界就會垮掉，他需要一個很安全的避風港，往往疾病是他的避風港之一。只有這樣，他才能夠得到治療，得到照顧，他不需要改變現狀。害怕改變也是人的通病，其實我們人一直忘了一個原理：「這個宇宙唯一不變的，就是它一直在變，我們應該懂得順應這個世道才對，而不是一成不變。」

大家可以看得很清楚，如果一灘水，久了不動，那灘水將會變成死水，會發霉、發臭、會長蟲。水是要流動的，不斷流動的水才會保持清澈。人必須從中學習到這些道理。

●控制慾太強，利用病來控制別人

很多人有強烈的主導權、控制慾，凡事大家都要聽他的，所有事情都要他說了算。如果不讓他作主，他就覺得自己沒有能力，也爲此看不慣別人的能力，總認爲別人沒有能力，不是由他來做的，就是不行！

主導慾太強的人，會感召某種疾病進來，最典型的就是糖尿病。我們做過非常多糖尿病的個案，有這種慢性病的人還非常多，但卻發現這些個案都有共同的心靈狀態，那就是「喜歡控制，喜歡主導別人」，甚至連做溝通都會主導溝通師，或要求環境。當然在醫學上有不同臨床的論證，我只是從心靈機制的角度來分析的。

爲什麼會得糖尿病？因爲他的血糖失控了，也代表他所控制的人或事物，相對的也失控了。一旦他想控制的人事物，不受他控制的時候，他自己就糖尿病發作了。舉個實例來說：

我有個好朋友的媽媽，糖尿病發作了，我朋友很煩惱：「醫生說非常的嚴重，要住院一段時間。」

「你媽媽糖尿病發作，代表你們家應該有人不聽你媽媽的使喚了吧？」

「對，我弟最近決定要搬出去外面住，才出去住一天而已，我媽糖尿病就發作，嚴重到要住院。」

「很簡單，如果你希望你媽媽能夠立刻出院的話，請你弟搬回家，你媽就可以立刻出院了。」

「怎麼可能？」我朋友不相信的瞪大眼睛：「醫生跟我說至少要住院一個月以上。」

「你不妨試試看，我的辦法既沒有副作用或後遺症，你怕什麼？」

他就真的去找弟弟商量：「為了媽媽病好，你還是搬回家吧？」

他弟弟搬回家的隔天，媽媽就可以出院了。

我實話告訴我朋友：「看吧，你媽媽在利用她的病，在控制你們，一定要順從她的意思。」

這就是控制，可惜人不是個個都可以被控制的，我們必須學習尊重每個人不同的需要，賞識每個人的能力，必須學會授權、放下，而不是控制。被控制的人很辛苦，而想控制別人的念頭，會讓自己活得更辛苦。

● **情緒性的發洩，運用病來表達不滿**

有的人脾氣很大，情緒起伏也很大，動不動就生氣，

不照他的意思就發飆，很容易把情緒爆洩出來。如果不這樣，對他來說就是一種痛苦。這種人也很容易因為情緒的狀態，而生了一些奇奇怪怪的病，比如：皮膚過敏。

與 EQ 管理相關的疾病，還有一些更嚴重的，例如高血壓、中風……都是因為這種心態。他們是想表達，只是忘了該怎麼「合宜」的表達；情緒是可以表達，但是應該用理性的方式，而不是用生氣、發飆，或用「病」來宣洩。

● 不尊重自己，用自殘要脅

有些人因為小時候不被尊重，長大之後自己就不懂得尊重自己，也因為這種心態，導致這些人產生自殘性的行為。有些個案從小不被尊重，父母親當時處罰他們的方式非常特別，有的人被要求脫光衣服跪在馬路旁邊；當眾不留情面的打罵羞辱；有的人犯了一些小錯，父母就用非常嚴厲的手段懲罰，或者讓孩子覺得自己所做的事情，是絲毫不可原諒的，他必須自我懲罰一輩子……

嚴重的心靈傷害，引發懲罰性的疾病，像性病、愛滋病、疱疹，心靈被重傷害的孩子，總自卑的認為自己不夠好，而透過這樣的方式，用「不尊重自己」、「自我傷害」來懲罰自己。

● 想逃離一切不敢面對，甚至逃離生命

有人因為過往所做的事情，太過於不堪，不想面對了，或連自己都無法面對自己，自己都厭惡自己，想逃離這一切，包括逃離自己的生命。於是就讓自己生病，透過疾病來逃避，透過疾病希望可以不必面對，甚至來逃避自己的生命，所以才得了一些不治的疾病，例如腫瘤、癌症、愛滋病或者是一些慢性病等，都屬於這樣的心態所產生的。

● 背叛自己，無法忠於自我

有些人往往為別人而活，處處討好別人，從來沒有忠於過自己，壓抑著無法忠於自己，連自己的心都在背叛怨懟，表面上口口聲聲說：「我忠於家庭、公司、國家、社會……」但他對自己來說，卻是長年處在最大的背叛中，苦苦掙扎。

通常這樣的人，若是女生，會有血崩、或大量經血的情況出現。這種人很容易感召別人背叛他，因為他先背叛了自己；他都無法忠於自己，不能信任自己，讓自己的磁場，招惹背叛。

● 利用病來得到利益或者報酬

多年前，有一次下大雨深夜，有台摩托車從遠遠的地方衝過來，沒有任何煞車的準備，我放慢車速要讓他先過，那台摩托車竟然還筆直的撞了過來。他摔車受傷了，我趕緊送他到醫院，好險他只有皮肉的挫傷。簡單的治療之後，我立刻跟他簽了切結書，我可以先幫他付醫藥費，其他自己修車的費用，自己負責。

他又吼又鬧，我堅持不賠償，是他超速衝向我，我只是盡道義責任，送他來醫院；他說身上不夠錢，我就幫忙付了醫藥費。他一口咬定我心虛，要求要賠償他更多的金錢。

「不然請警察來做鑑定好了。」我不想對無理取鬧低頭妥協。

他一聽到要找警察，推託很多藉口就是不願意，悻悻的念著：「算了，看在幫我付醫藥費的份上，饒你一次。」

事隔一個月之後，當地的警察打電話問我：「有沒有在 ×× 路上發生過車禍？」

「有。」

警察先生接下來的話，讓我極為訝異：「跟你發生車

禍的這個人很惡劣，製造了很多次的假車禍，都是為了敲
詐賠償，你算其中之一，你有沒有什麼被威脅下的損
失？」

　　很明顯的，這種人想利用加工製造病痛，來獲得金錢
賠償；假車禍逼賠償的事，到今天都還是時有所聞，簡直
是在玩命害人又害己。

執著的背後

　　有些人天生就是喜歡抱怨、懷恨，不滿這個不滿那個，嫌東嫌西的，沒有一樣他看得順眼。因爲這樣的怨念執著，不管誰對他表示了什麼友善或好意，他總是視而不見，永遠只看得到別人的缺點。

　　他的瞋念心更可怕，怨懟也就罷了，永遠不滿足，所以會產生心靈的黑洞。在這種情況之下，他就會感召許多的疾病過來，而且怨恨的心念所感召的疾病也很可怕，通常是會讓他苦不堪言的。在他的生命當中，永遠都沒有快樂的時候，他喜歡苦，所以他得到的疾病，永遠是苦的，因爲他都脫離不了這種自虐的苦。

● 多愁善感的沉溺

　　有些人懷憂多愁多善感到「爲賦新詞強說愁」，而這般心思人的病，也是醫不好。而這種病是醫不好、又死不

了，他們通常是慢性病，拖得很久，就一直處在那個狀態裡面。甚至有的個案，在我的觀察之下，他們是在「享受」這個病，而且他們反而認為：「有病才是正常的，健康的人才是奇怪的。」這種病，會讓人得到很多不食人間煙火的空靈之氣，就像紅樓夢裡面的林黛玉，多惹人疼惜！

　　這種心態之下的病人，總是「樂在」體弱多病中，不想活蹦亂跳、朝氣蓬勃的生活著，喜歡在自我陶醉中，享受疾病的樂趣，一點也不想痊癒。

● **憤世嫉俗的不滿**

　　看不慣國家的領導、政府機關的施政、社會大眾的一切所作所為，對一切感到失望，甚至絕望，也因為內心的絕望，他們會有一種想法，想抽離開自己的生命。這種心靈狀態很容易感召到的磁場是植物人、漸凍人、肌肉萎縮症或是僵直性脊椎炎。就靈魂的觀點來看，這些人的靈魂因為不想面對，想讓自己漸漸脫離肉體，肉體就會形成這些疾病狀態，因為他們想脫離這一切完全的失望跟絕望。

　　對於這一些不治之症的人，醫學上也已經束手無策，早就放棄治療了，不如就死馬當活馬來醫了。用心靈的角度來看：必須喚醒他，為何來走這一生？喚醒他當人的意

義是什麼？生命存在的意義是什麼？只要能夠喚醒，願意
面對這一切了，他們通常也會不一樣。

● **人類集體意識的影響及蛻變**

人類的集體意識也會隨時代轉變，尤其是這幾年天災
地變，人類的集體意識轉變得非常的快速，因為全體人類
在度過一種全體意識的改變，在這樣蛻變的過程，有很多
人深層的恐懼會被引發出來。

相對的在這幾年，瘟疫、流行性感冒、不同的傳染病
會大肆流傳，這都是人類集體意識的影響，而這種集體意
識的轉變，有的人會銜接不上，或者因為蛻變過程的震
動，會影響到身體的變化，所造成的量子效應，自然會波
及到內心原本恐懼的人，因而由恐懼而感召的疾病現象，
就會特別的多。

● **因緣種的心靈複製**

因緣種的其中一種作用力，就是複製另外一個人。

當個案本身曾經處在無意識狀態，如重大失落，悲傷
情況下，對個案做照顧、安慰、支持、同情他的人，會讓
這個人形成他的因緣種，好比父母對兒女的因緣種，就非
常的深。

父母生下孩子，照顧他，支持他，撫養他長大，這種的因緣種夠深，會讓孩子不自覺的複製了父母的行為，包括習性在自己的身上。也就是因為這樣，所以容易得到所謂的遺傳病。兒女會不自覺的，把父母或家族因緣種複製在自己的身上，他會以為那就是他天生自然的，這個現象就是「因緣種的複製」。

曾經幫過一位太太做深層溝通，她有三個姊姊，她排行老四，當時家裡很窮，一出生爸爸就跟媽媽討論：「怎麼又是女的呢？我們這麼窮，日子都過不下去了，不如讓給別人領養好了！」

可是媽媽很不捨的堅持：「再苦都是自己的小孩，還是自己養吧！」

經過了一年多，家裡還是太窮了，爸爸又再提起：「我們真的養不起這個孩子，而且這個孩子越來越大，所需要的費用越來越多，將來還要念書。如果真的愛這個孩子的話，就讓給有錢人家來領養吧，讓這個孩子過得更好，這樣才是對孩子最好的辦法。」

迫於無奈之下，媽媽只好答應，便把個案送給遠房的親戚領養。那個親戚經濟狀況很好，又非常想要一個孩

子。被領養後的第一年除夕夜，家裡吃團圓飯，桌上卻少了一副碗筷，這個親生的媽媽非常想念她的孩子，就偷偷跑去對方的家裡看孩子。媽媽抱著她一直哭，很捨不得這個孩子，養母很無奈，不高興的私下要求：「既然妳的孩子讓我領養了，爲了大家好，請不要再來看她了吧！」

那次之後，這個孩子就在養母的照顧之下長大，正如同他親生父母所希望，念最好的學校，吃得好穿得暖，直到她大學畢業。表面看起來，養母是她的因緣種，照顧她長大；其實不對，眞正的因緣種是當時的生母，因爲一開始爸爸要把她讓人領養，是親生媽媽捨不得的，就是在那份捨不得之下，形成她的因緣種，尤其在領養後那年的除夕夜，生母又抱著她一直哭，那份母女之情更是展露無遺，所以眞正的因緣種是那位生母。

長大後她也知道自己是被領養的孩子，也跟生母有了聯繫及往來，後來她的生母得了胰臟癌往生。就在她生母往生的那一年，她自己也得了胰臟癌，很明顯的她在複製生母這個因緣種的對象，複製了因緣種的病在身上。當然，就醫生的立場會解釋，這是一種遺傳疾病；其實這是一種「複製的心靈」罷了。這個個案本身，被我做了十小

時的深層溝通，清除了因緣種子的作用力後，沒有想到她的胰臟癌也好了。

● 過度執著，拒絕改變

有的人會執著某一種狀況、想法，任憑誰告訴他那是不對的、錯誤偏執的，怎麼說都沒用，總認為自己的想法是對的，這種固執也會感召一些疾病，通常是跟頭腦有關的，比如頭痛、偏頭痛、不明原因的頭痛等，都跟這種狀態有關，因為他過度的執著，他被困惑住了，固執的想法無法改變。

● 被壓抑、限制、無法表達的心靈

這種狀態在孩子身上最明顯，有的孩子被父母不准這個不准那個，這個孩子無法表達，孩子就會因為這樣，會以感冒或是喉嚨痛、咳嗽、氣喘來呈現。有的父母為了管制孩子，美其名都會告訴孩子：「我這麼要求，這樣的限制你，都是因為我是愛你的，你知道嗎？」

這種愛更可怕，用愛來限制孩子，讓孩子無法反抗，強烈的以愛為名來壓抑他，這種愛我常常稱之為「窒息的愛」，孩子無法呼吸了；唯一的方法就是用身體喘給你看。所以，如果你發現你的孩子常常感冒或是氣喘，我只

能勸父母：「趕快鬆開你嚴苛管教的手，這個孩子的病就會好。」因為你給他的限制太多了，壓抑太大了，導致孩子無法反抗，如果再用愛來控制他，那是更可怕的，所以這也是一種心靈狀態。

　　以上這些都是我透過個案，以及過去陪伴個案的過程當中，所觀察到的。各位讀者朋友，也可以利用幾種方式檢視自己或是家人，有沒有符合這些的心靈狀態及疾病？如果有的話，也請你誠實、正直的面對自己、忠於自己，因為不管你得了什麼樣的病，這些病都只是逼你內觀自己的一種因緣，穿越了你的病，你的病就是一種絕佳的禮物，沒有穿越的話，就是你身心健康最大的障礙。

錯亂的精神

　　身心疾病的問題，除了肉體疾病以外，另一方面就是精神性疾病的問題，也就是非器質性的，不是肉體器官的問題，比如精神病、憂鬱症、躁鬱症等，然而目前的醫學在這方面的醫療，似乎沒有太多的進展。

　　我個人到現在一直不能理解的是，這些病患本身他們的肉體或器官並沒有任何疾病現象，卻每天要服用大量的藥物，明明肉體沒有問題卻是要吃藥，而服用的藥物大部分都是鎮定劑、安眠藥、白憂解……用藥輕的，會讓人昏睡，藥量多的，每日生活如行屍走肉，對於病情毫無幫助。目前醫學界的精神科醫生，對於這類型的疾病其實也是束手無策的，只能透過藥物，暫時控制病情而已。

　　在 2008 年，江蘇省某市立醫院和大學聯合邀請我到他們醫院辦了一場非正式的學術交流會，與會人員有好幾

位心理學教授，精神科醫生及專業心理諮詢師等，交流會議中有位精神科醫生問了我一個問題：「你們的深層溝通技術，處理一個憂鬱症患者，需要多久時間會改善？」

我反問他：「請問精神科的處理，需要多少時間，成功率有多少？」

「以過去的經驗，需要兩到三年的時間，而且要按時服藥，即便如此，成功率大約 20％左右」

「依我們深層溝通的經驗，溝通一個憂鬱症患者只需十到三十個小時的溝通時數，成功率有 90％左右。」

現場與會人員一片譁然，露出不可置信的表情，但是陪同我去的幾個大陸當地的學員，因為他們過去都是憂鬱症的患者，吃了數年的藥物完全沒有改善，反而來做了十幾二十小時的深層溝通之後，完全好了，從此不用再服藥了，紛紛起來做親身見證。

經由當地個案的現場親身證明，使得他們對於深層溝通技術想更多了解，所以大陸來學習深層溝通課程的學員中，心理諮詢師及精神科醫生所佔的比例非常高。當然，也有許多位醫生對於醫學理論以外的東西，是完全不相信的，那就完全沒有辦法了。

　　除了憂鬱症外，最傷腦筋的，當然就是精神病患了，有關精神性的疾病，有可能來自於「無名種」跟「重人的業種」。爲什麼會朝這兩個方向去找？會讓一個人得精神疾病，一定是有很重大事件發生在他的過往，比如重大的意外、重大的傷害，導致個案不願面對，無法面對過去的事實。

　　舉個例子：有一位出家法師來上我們的課，上完課之後她回到她的佛堂裡，跟她住同間寢室是一個二十九歲的女孩子。這個女孩子有精神病，她的家人並沒有把她送到精神科醫生那邊去，就把她交給師父，希望透過佛法的方式，讓孩子慢慢去調理，所以她分配跟這個師父住同一間寢室。

　　這位法師上完課之後，回去幫女孩做溝通了，在二十幾次溝通後，有次回溯到前世，看到了這個女孩的前一世在清朝，她是宮廷裡面的一個格格，當時因爲宮廷內鬥分派系，他們這一派的人，謀害很多對方那一派的人死掉，然後他們把那些死掉的人屍骨都藏放在一個小房間裡面，不敢讓人家知道。她回溯前世，才看到她自己前世參與了這樣的行爲，這個女孩看到滿屋子的屍骨，她簡直無法面

對，整個人在床上就發癲了，一直在那打滾、尖叫，歇斯底里；那位師父嚇得緊急打電話給我。

「師父妳趕快回去跟她繼續溝通！」我在電話另一端，要求打手機來求助的法師說。

「可是老師，我不曉得怎麼做了？」

「妳一直跟她講一句話就好：妳現在非常的安全，我們再面對一次就好。」

這個師父已經手足無措了，慌張失措的拜託：「不然這樣好不好？我把手機放在她耳朵邊，老師你替我講？」我很無奈，只能透過手機跟那女孩說：「妳現在是安全的，請信任師父的引導，再面對一次就好；妳是非常的安全的，再面對一次就好。」

對這個個案來講，她現在是安全的，她只是回到前世看到自己的行為，自己重大的業種她無法面對而已。只要不斷的喚醒她：「妳現在是安全的！」她在安全的環境之下，只要面對完，穿越完，這個現象就可以改善了。後來我聽到電話中那女孩的聲音慢慢的穩定了，情緒也平穩下來，我跟那位師父說：「妳趕快繼續溝通，不要停！千萬不要停，做完這個溝通。」

　　我要在此機會教育一下溝通師，不管你的個案遇到了什麼狀況，永遠不能離開你的個案，除非已經溝通結束了，是不能中途突然離開的，這樣讓個案處在那個狀態裡面是非常不安全的。其實只要遵守溝通步驟規則：溝通期間內不能擅自離開個案，如要離開，必須先結束目前溝通狀態，回到當下後，才能結束離開，如此一來才是絕對安全。但有些剛上完課的學員，偶爾也會忘記此一規定。即使如此，個案本身也是能夠慢慢回到當下，只是時間較長而已，但基本上都是安全的，因為個案本身並非真正的處在前世，或過往危險的狀態，眼下的狀態當然是安全的。

　　後來這師父回來上課複訓時分享：持續幫那女孩做了二十幾次的溝通，精神病完全好了，再沒有發作過。我相信出家師父不會打妄語，她確定做好了這個個案，這個精神病患女孩，被她溝通好了。

　　精神病的另一種成因，還有一種可能就是受無形眾生的影響。有些精神病是被「外靈」影響，也就是「阿飄」來影響了他。比如有的人特別可以感知到這些無形眾生的存在，會看到外靈、阿飄，會看得到我們所看不到的種種無形存在。對他來講，外靈真實存在，對一般人來講，看

不到而已，所以有人就把他們當作精神病患來處理。

　　有一部電影「美麗境界」，是根據一位大學教授，他看到三個外靈的現象而改編的一部電影，這是眞人眞事改編的。這位大學教授一直在校園裡面看到三個外靈，他常常莫名其妙的跟空氣講話，學校後來不讓他教書了，把他送到精神病院去，可是並沒有改善他的問題，後來又讓他回來教課，也接受他的行爲。即使是一個患有精神病的教授，並沒有減低他的智慧才華，後來他還研究了一套獨創的經濟學理論，讓他得到「諾貝爾經濟學獎」。當他在領獎的典禮上，他一樣是看到那三個外靈的。所以外靈的干擾，也是造成精神病的原因之一。

　　就精神科醫生而言，他們對於外靈存在的問題是全盤否認的，並且把這種現象定義爲「幻覺」、「幻聽」，或「多重人格症」、「精神分裂症」……然而我必須這麼說，對個案本身而言，這些無形眾生的存在，是眞實存在的，我們必須尊重他們的眞實性。在我們深層溝通個案當中有關於這方面的問題，所佔比例非常之高，所以在深層溝通技術裡，有一部分就是專門引導個案本身跟亡靈、外靈、嬰靈、前世冤親債主等，做雙向溝通對話，透過如此的溝通

模式，確實化解了許多棘手的問題。重點是，有這方面困擾的個案，本身並非都是精神病患，絕大多數都是正常人，但是如果以精神科醫生來診斷的話，他們應該都屬於幻覺、幻聽、多重人格症，甚至是精神病患了。

　　曾經有個精神病患年約三十歲，這先生正常時看不出他有什麼問題，可是一旦精神病發作，任何人都會受不了，而他們家是做店舖生意的，正常時他會在店裡幫忙，可是卻常無緣無故精神病發作，嚇跑許多客人，這讓他的父母親很難堪。不得已之下，只好要求他乖乖待在樓上的房間就好，不要下來幫忙了。

　　這位先生他親自來找我們，做了二十小時的深層溝通，在這段溝通時數內，溝通師找出他身上附體有五十幾個外靈，透過溝通化解後全部都送走。而這位先生也完全正常，不再發作，完全停止服用精神科藥物。現在已經可以幫忙家裡做生意，不會再嚇跑客人，有沒有改善，他的家人最清楚不過，尤其他的父母親對於這樣的溝通非常的感激，因為他們心愛的兒子完全恢復正常了！

　　我們能不能正視這些無形眾生存在的現象呢？更重要的是，必須完全尊重精神病患在這方面的真實性才對。我

相信對於許多的精神病醫生，也會常常遇到類似的狀況，所謂的阿飄、外靈、亡靈等存在的現象，可是絕大多數的醫生對於這方面，都嗤之以鼻不屑探討，認爲是不科學，怪力亂神，不願面對。但換一個角度來想，當我們對這些現象的存在，一直不肯面對，無視於它們的存在，卻又不肯深入了解，然後全盤否定這些存在，如此的心態，是不是更不科學？

目前其實已經有非常多的科學界，甚至是醫學界，對於這些無形眾生存在的問題，包括靈魂存在、死後存在、瀕死經驗、輪迴轉世，都已經有大量的實驗，來證實這些存在的事實，也有非常多具體的證據證明，如果精神科醫學研究，也能朝這方面鍥而不捨，正視這些事實，能夠以更開放，更理性，更科學，更客觀的心態去了解精神病人的心靈成因，以及這些無形眾生存在的原理，何以有人能看到無形眾生？如果能朝向這些領域去了解，去研究，我相信日後的精神科醫學會有明顯的改變，而提供更有效的治療，能使精神病人們免於終身吃藥，且能回復成一般人的健康生活工作。那麼這樣將是醫療境界的大突破，同時也是對這些精神病人及其家屬最大的幫助及解脫了。

當然，我也要特別強調，有精神疾病這類型的個案，相對也是較不易處理的個案，在運用深層溝通技術處理時，所需要的時間相對較久，個案及家屬相對要更有耐心才行。患病時間的長短，以及病情的輕重，也是溝通結果成功與否的因素之一。

　　深層溝通的成效，個案自己坦誠面對的意願與勇氣，一直是最重要的成敗決定性因素，也就是個案本身必須是有意願被溝通的。若個案面對真實自我是逃避閃躲的，那麼溝通的效果，誰都幫不上忙，就會是很有限了！

第四章

峰迴路轉

所謂的「蝴蝶效應」是指：此端的改變，也會影響著彼端。

　　家人會生活在一起，彼此就是一種很深的共業；父母的心態改變了，孩子也可以接受到、因而有所好的回應改變。這在量子物理學中的觀點，便叫做「蝴蝶效應」，是有實驗可以證明的。

共業

　　我的溝通技術裡，有一種對特殊身心疾病的溝通，過去我一直對某些特殊個案的溝通感到無奈，例如植物人、自閉症、唐氏症、精神疾病或病人已經無法說話、無法表達的人，該怎麼辦呢？

　　深層溝通的要素是個案必須能夠表達、能夠聽得懂我所說的，這樣才叫溝通，透過溝通才能找到個案心靈的種子，並且有效的清除心靈的種子，才能達到有效的結果。可是像植物人、自閉症、唐氏症的孩子，或者是失智症、精神病患者，對於這些人我真的束手無策。在十幾年前，我剛開始研究深層溝通時，我的溝通能耐只是一對一，總是要求個案是可以清楚明白表達的、能夠聽得懂我說話的人，這樣才方便能做溝通。

　　記得大概是十年前吧，有個男學員來上我的課，上完

課隔了幾天之後，帶著他的太太及小女兒來找我。他的女兒長得很可愛，九歲了，他羞澀地問我：「老師，你的溝通技術能不能溝通我的女兒看看？」

「你女兒怎麼了？」我端詳著眼前的小女孩。

「她是一個唐氏症的孩子，智商只有兩歲而已。」

「可是我所問的問題，你的女兒聽得懂嗎？」

「絕對聽不懂！」這位爸爸說得好洩氣。

「很抱歉，我沒有辦法幫助你的女兒，因為深層溝通的要求就是個案是要能夠表達、能夠聽得懂我的指令，這樣才可以進行溝通的。」

這位爸爸絕望頹喪的眼神，讓我至今難忘。大概事隔半年吧，他同期的學員打電話來跟我說：「那個學員的小女兒，往生了。」在聽到的一瞬間，真的很難過，我也很清楚即便是現代的醫學，也沒有藥物可以醫治這些孩子；但這件事一直擱在我的心裡沒忘。

有一次我在教授唯識學時，唯識學裡面的兩個字喚醒了我，這兩個字就是「共業」！這兩個字提醒了我，當一群人聚在一起，承擔一個事實，就是共業。這當中當然包括家庭，能生活在一起一輩子，這個共業當然就更深了。

我當下突然覺醒到：為什麼要執著在一個「不能溝通表達」
的問題上呢？

　　我能不能溝通一個跟她有共業因緣的人呢？藉由溝通
的轉換，此端的改變，彼端也會因此改變呀！想通之後我
明白了，必須溝通那些還可以溝通的家人，不論個案是植
物人、自閉症、唐氏症、精神病患也好，他們的家人是跟
當事人有共業的。而我只要透過這些共業的影響，來轉換
共業的對象，那麼就理論上而言，應該有改善的可能。

　　一位住在南台灣的太太，好不容易生了一個小女孩，
後來發現這小女孩是個自閉兒。這對父母帶著孩子到處求
醫，每個醫生診斷的結果都是告訴他們：「孩子是自閉
症！」病歷資料寫得很清楚：自閉症，發展遲緩、無法自
理生活、無法學習、有長期依賴性的行為，甚至有自殘的
現象。

　　沒錯，這個孩子確實有這些行為，都被醫生診斷出來
了，父母親除了帶孩子四處求醫外，也到處求神問卜，可
是都沒有達到治癒的效果。孩子依然沒有改變，後來尋求
到我們這裡，孩子的媽媽願意來做替代溝通，爸爸因忙於
工作，就讓媽媽來試看看。

　　我要求個案媽媽：「回溯到懷孕的時候，是不是有什麼事情發生？」

　　「在懷孕初期，先生因為還在創業，經濟基礎並不穩定，而且很忙很忙，我先生希望把孩子拿掉，他不想這麼早有孩子。」

　　但這位太太不肯，覺得孩子是一個生命，為什麼要拿掉？她堅持要把孩子生下來！兩個人為了討論孩子去留的問題，起了很嚴重的衝突，在太太的堅持下，孩子還是生了下來；但也因為常起衝突這回事，對孩子造成了影響。

　　溝通時，媽媽回到為了孩子去留的衝突點上，我請這位媽媽跟當時惡形惡狀的先生，一起來對這個孩子的靈魂懺悔：懺悔當時父母，為了要不要她而爭執不斷，甚至打架。懺悔完之後，還要尋求孩子的寬恕！

　　來做溝通的只有媽媽一個人，那位爸爸和孩子並沒有來，只有媽媽獨自觀想過去，由當時的媽媽與當時的爸爸一起，對這個孩子做懺悔，並請求原諒。在懺悔的過程後，溝通中詢問了這個孩子：「既然妳已經寬恕了自己的父母親，那妳還要多久，才願意恢復自己成為一個正常的狀態的小孩呢？」

　　這個在深層溝通中的孩子，居然跟她媽媽說：「再過兩天好了。」

　　這次溝通結束，這位媽媽太訝異了：「怎麼可能這孩子只要再過兩天就會好？我帶孩子南下北上，跑遍各大醫院，看過多少醫生，吃過各種藥，還求神問卜；每個醫生都跟我說無藥可醫，還說我們要有心理準備，這孩子將一輩子都是如此了。」

　　第三天上午，這太太打電話來，邊哭邊說：「太神奇了，這個孩子居然開始跟著音樂節拍哼哼唱唱，開始願意學講話了。」

　　最令媽媽感動的是，小女孩不再抱著媽媽才肯睡覺，她開始學習自理生活了；不再凡事依賴的行為，對這媽媽來說，簡直是奇蹟！因為轉變，日後這個孩子學習越來越進步，也沒有任何自閉症的現象。這對父母為了感謝深層溝通的幫助，願意把這個孩子的病歷資料留給我：「我的女兒現在很正常，任誰也看不出她曾是個有自閉症的小孩，我們希望可以讓你證明，孩子是因為你的溝通，而改變成正常的。」

　　這個案例讓我驚覺到：沒錯，此端的改變，真的會影

響到彼端！

全家人會生活在一起，彼此就是一種很深的共業；當父母的心態改變了，孩子也可以接受到、因而有所好的回應改變。在量子物理學中講到一個觀點，叫做「蝴蝶效應」，就是說此端的改變，會影響牽動彼端的改變；這在物理科學裡面是有實驗可以證明的。

有了這個成功的案例之後，我積極的朝這個方向去研究，曾經也找了台灣自閉症相關公益協助單位，請他們提供五個最嚴重、最困難的個案，讓我們來做免費的深層溝通（基於保護個案的隱私權，我們無法公開他們的姓名）。當然我並不是針對自閉症個案本身來研究，因為他們根本無法被溝通。我要求這五個個案的父母之中，必須有人願意來跟我們做溝通，要求一個人最少都要做二十到三十個小時以上才可以，如果低於這些時數，無法真正地做到深層溝通，因為自閉症並不好處理，箇中一定有很多錯綜複雜的成因存在。

這五個個案做完之後，自閉兒的父母與我們專業的溝

通師一起開了研討會，其中有個爸爸分享了令人感動的過程，他說：

「兒子三十歲了，因為自閉症都不講話，所以我們加入了自閉症協會。在溝通了將近三十個小時之後，有一次我必須去南部出差，在房間整理行李的時候，兒子居然走進來跟我說：爸，聽說你明天要出差去南部，如果我想念你的話，可不可以打電話到你南部的辦公室找你？」

這位爸爸抹著淚水：「當時我完全愣住了，感動到掉淚，感動的不是兒子關心我，是這輩子第一次聽兒子講這麼多的話，這麼清楚的語言表達。」他還寫了一封感謝函，希望可以讓我們證明，他的孩子真的因為我們的溝通而改變。

有個年近八十的老媽媽來問：「聽說你們有收容自閉症的個案？」

我們告訴她：「不是收容，是溝通。」

「請你們一定要收容我的孩子！」這位老媽媽拗起來了：「我已經七十八歲了，隨時會離開人世，我兒子四十幾歲了，一輩子自閉不開口講話、大小便都不會自理、吃飯還要我餵、出門不會轉門把、連下雨了都不知道要撐

傘……如果我老了、死了，我的兒子要怎麼活呢？無論如何，請你們一定要幫忙收容我的兒子！」

我們試著問她：「願不願意替代兒子，做心靈的深層溝通？」

「我都這麼老了，還可以溝通嗎？」她嘆了好長的一口氣。

我們總共幫老太太做完了四十個小時的溝通，有天她哭著回來：「沒有想到兒子改變了，他開始會自理大小便、會自己吃飯、會簡單的表達想法、出門也會自己轉門把了，前兩天下雨，他竟然會主動幫我撐傘，我不知道臉上流的是淚水還是雨水。」這個老太太激動的分享給我們聽。

去年五月我去北京演講的時候，有一個個案很特別，是在唐山開了一所自閉症學校的宋校長，親自找上門來尋求我們做溝通。宋校長是一位女士，因為一胎化的政策，好不容易生下了一個兒子，但在孩子成長大過程中，發現到不對勁，這個孩子是自閉兒！

孩子既不是啞巴也不是聾子，但就是不願意說話、不肯學習，媽媽當然就很急，到處看醫生、求神問卜，但是

現在的醫學對自閉症就是束手無策。備受挫折後的這位媽媽發願：與其單照顧自己的兒子，不如一起照顧都有這個病的孩子吧，所以她在唐山成立了一所自閉症的學校。

我要求她一定要接受五十個小時以上的溝通才可以，我從台灣，指派了一位資深的專業溝通師，特別過來大陸為她溝通。在做完五十小時的溝通之後，她發現：孩子的問題，是她自己的問題所造成的，是她自己的態度導致孩子得了自閉症；而在心態轉變之後，她的孩子也好了。

因為一胎化的政策，宋校長千求萬求，好不容易終於生了一個兒子，全家總動員，對於這個孩子寶貝得不得了。她自己以外，連同先生，公婆，外公，外婆，全部的人全心全力照顧呵護這孩子，連要喝杯水，都不讓孩子動手。小孩只管茶來伸手，飯來張口就行了，尤其媽媽自己，絕對不讓孩子離開她的視線一刻，當孩子被診斷出是自閉症時，這一大家子人簡直是晴天霹靂，無法接受，對於孩子更加呵護，完全是寸步不離。

從溝通過程中，宋校長自己看到對於孩子的不放心，極度的不信任孩子自己可以存活得很好，過度的呵護照顧，反而讓孩子無法表現。重要的是，在溝通步驟中，我

們會讓個案本身去角色互換,當時她融入自己的孩子時,完全體會感受到孩子的壓力與痛苦,就是她那份「窒息的愛」讓孩子無從表達,孩子乾脆選擇「沉默的抗議」,來抗議這個過度愛他的媽媽。

溝通完後,宋校長完全領悟了問題所在,她決定徹徹底底的改變自己,於是她專程離開唐山,跑到廣州來上完我所有的課程,總共十餘天。她說:「這是第一次離開孩子這麼久的時間,透過課程,改變了自己,也慶幸及時挽回了心愛的孩子。」

同年九月,在我去北京接受央視網「華人會客廳」的節目專訪時,宋校長特地從唐山跑來見我:「我一定要親自來向您道謝,因為我兒子一天比一天好,現在還會自己去商店買東西,找錢也不會數錯了、現在連對談都沒有問題。」她好興奮:「現在我是帶著感恩在過日子,看到孩子一天比一天更好,在欣賞自己孩子的成長同時,也感恩孩子的示現,教育了自己。」

當不再像以前帶著恐懼,擔心害怕,總不放心來對待孩子,宋校長深深覺得學校所教的那群自閉症的學生,有希望、有救了,如果那群孩子的父母親,願意先改變自己

潛藏在心靈深處的問題，那麼孩子不是問題，有問題的是父母本身。

2012 年 1 月，宋校長也熱情的邀請我前往唐山，到她的自閉症學校辦了一場「孤獨症（自閉兒）心靈狀態講座」，她希望透過她自身的體驗及見證，配合我的理論講座，來幫助全校自閉症的孩子，不對、應該說是幫助全校，自閉症的父母親們。在講座座談會中，反映非常熱烈，許多自閉症父母親所提問問題的內容，真的讓我更加確定，他們的孩子是沒有問題的，真正有問題的是父母自己。這些父母卻不認為是自己出了問題，他們的認知裡，有問題的是孩子，因為得到自閉症的是孩子又不是他們！

資料顯示，依據聯合國世界衛生組織統計，自閉症的個案有逐年明顯增加趨勢，從原來的千分之幾，已經提升到 1％了，比例非常之高。而目前的醫療體系沒有任何方法，或任何藥物可以治療自閉症，很多個案是一輩子無法改善，但是透過深層溝通技術，我們已經成功的改善了三十多位自閉症的個案，相信嗎？絕大多數的問題，真的都源自於父母本身。

從這些案例可以很明顯印證：此端的改變，真的會影

響到彼端的改變！一家人會生活在一起，彼此就是一種很深的共業；我只要改變共業的癥結點，全家人便都會有所改變，這也讓我的溝通觀念提高到更深的層次。

俗話說：母子連心，父子連心，父母與孩子的因緣種子，肯定就是一種很深層的共業因緣，這絕對是毋庸置疑的。過去我們常常會聽到，即便父母與孩子分處兩地，相隔無論多遠，如果孩子出了意外，父母會知道；相反的，如果父母親有人出意外或突然往生，距離再遠的孩子也會知道，這就是共業場波動，會影響著彼此。

就在著作此書的同時，我自己的家人，也發生了一件非常感人又不可思議的共業現象，事情是這樣的：

我和我現在的太太都是第二次婚姻，過往我們各自經歷了不同的婚姻，分別離婚後數年，我們倆人才又結婚到現在。當年我太太離婚時生下兩個女兒，離婚協議上，她爭取了大女兒歸她監護撫養，剛出生的小女兒則歸她前夫監護撫養。而當年的小女兒出生後七天，即被自己的父親給帶走，從此以後雙方都不曾再有任何的聯繫，直到現在都已經超過二十年了。

我和現任妻子結婚也滿十年了，她曾經多次提起這個

小女兒，母女連心，畢竟是會思念這個孩子的，不知孩子這數十年間過得如何？也曾上網搜尋女兒或前夫的名字，或透過親友詢問，但都是音訊全無，完全失去聯絡，無從找起。

四月時有一天，我突然問她：「如果今年 2012 真的是世界末日來臨了，那麼妳心中是否還有會讓妳罣礙，或未圓滿的事件存在？」

「我內心最大的遺憾，就是那個只跟我相處七天的小女兒，不知道她現在哪裡？都二十年了，不知道孩子過得好不好？」

「何不再試試看？透過網路搜尋或親自去找？」

「最近總在半夜想到這個孩子，心痛到都哭了。」

當下我只好安慰：「如果這個孩子和妳還有因緣的話，妳們必定會相認的。」

「就算真的找到了——」我太太嘆好長一口氣：「這個孩子認不認我？會不會怨我當年沒有帶走她？會不會很叛逆？還有大女兒能不能接受這個妹妹？是否會影響我們目前平靜的家庭生活？以及對方的家庭？」

我必須承認她所說的這些問題，都極有可能發生，因

為我也溝通過幾個類似的個案，都有這些問題存在。然而就在今年母親節的前半個月，我太太突然肚子莫名的脹氣很不舒服，即便服了腸胃藥也無法改善。持續了五，六天，有次我們一起出去用晚餐，因為她肚子依舊不舒服，於是用手捧著腹部走路，走到樓下大樓門口時，大樓管理室的總幹事見狀，突然跑過來向我太太說：「恭喜太太，恭喜您懷孩子了！」我們笑著說：「不好意思，讓您誤會了，是因為肚子不舒服，所以才捧著肚子，並沒有懷孕，而且都結紮了，根本不可能懷孕。」

事後我跟我太太說：「這是個徵兆，代表最近會找到妳一直掛念的孩子！」

就在母親節的前一個星期日，我們決定專程上台北士林區，那是她二十年前住過的地方，去尋找她的前夫及小孩。當然可以想見，早就人去樓空了，詢問了鄰居，才知道數年前他們搬去了板橋。

「好像有提到，是在江子翠一帶吧？」鄰居說。

太太迫不及待，一心要趕去江子翠找。

「不行，範圍太大了，沒有明確地址電話，簡直是大海撈針。」我忙阻止。

　　「何不問問查號台？」聽妻舅一言提醒，我立刻用人名及地區查詢，沒想到真的有一個人符合。電話撥通後，接電話的人，真的是二十年來，太太從沒有再聯繫過的前夫。我太太懇請她的前夫，能否讓她和孩子相認？對方爽快答應了，因此得知孩子目前住在員林，還在唸書。取得小女兒的電話，我太太非常患得患失：「還是等我準備好了，再聯繫孩子吧？」她怕孩子會怨她，不肯相認。

　　我當下鼓勵她：「不要再猶豫了，立刻打電話吧！」

　　電話接通的那一刻，小女兒在電話那頭無比興奮，太太很內疚的問：「會不會埋怨媽媽，當年沒有帶妳走？」

　　沒想到孩子非常成熟，完全不怨怪媽媽，還主動在電話中熱切直喊著：「媽媽，媽媽！」並急切的表達這二十年來對媽媽的思念：「我也曾努力的尋找媽媽，卻都聯繫不上……」我太太聽到小女兒在電話那頭，不斷的喊「媽媽」的同時，眼淚掉個不停，彷彿那一聲聲呼喚，化解了她二十幾年來所有的思念、期盼，及擔心。

　　我要太太立刻約她出來見一面，孩子說了她的員林地址，我們立刻南下前往。那是在員林很鄉下的地區，並不容易找到，這孩子在電話中耐心的引導我們路怎麼走，如

何左轉到哪右轉,她的聲音非常好聽,也充滿了迫切的期待,可以完全感受到她那期盼二十年的心念。終於看到她就站在門口迎接我們的到來,相見那一刻,其實什麼也不用多說,已勝過千言萬語了!

孩子上了我們的車,要帶她去見二十年從未見過的姐姐,在車上她很興奮的一直說、一直說,訴說她這二十年的生命經歷,如何尋找媽媽,如何思念媽媽,也曾想過是否媽媽不要她了?遺忘她了?她強忍住淚水訴說這一切,母女之間談了非常多。接到姐姐後,母女三人非常興奮,聊了很多,聊個不停。

當晚送她回員林的家,見到撫養她長大的叔公,一直站在門口焦慮的等待。原來太太的前夫,在二十年前要走小女兒之後,並沒有負起撫養的責任,反而丟給住在員林鄉下的叔公來撫養她長大。這位叔公是個泥水工人,自己沒有結婚,也沒有孩子,就這樣獨自一人養育這個小姪孫女到現在。

「我本來打算,再過兩年,等孩子大學畢業後,如果媽媽還找不到,準備親自替孩子去找媽媽,尤其每年母親節,孩子都會買兩朵粉紅色的康乃馨,一朵送給我這個陪

她長大的老叔公，另一朵，是給從未見過面的媽媽準備的，看媽媽會不會突然出現，跑來看女兒？可是每年她希望都落空……」

思親心切的小女孩聽得直掉淚，求叔公不要再說這些了，一旁的我，感動到眼眶都紅了，我太太早已淚流滿面，當場我要求太太及大女兒，一起向這位偉大的叔公跪下來頂禮致意，感謝他對小女孩的養育之恩，現場哭成了一團。

我看得非常清楚，小女孩與叔公的因緣非常深，那種親情是割不斷的，於情、於理、於法，孩子永遠是他們家族的子孫，誰也改變不了。然而母女終於相認了，母女之情也是天性，其實我太太並沒有要帶走孩子的意圖，只是想讓彼此失散二十年的母女及姐妹，得以相認。這對於我太太和一雙女兒而言，一切都已經足夠，圓滿了彼此心中的那份失落。

離開員林後，看到天空掛著又亮又圓的滿月，我向太太說：「妳此生已經圓滿無憾了，今晚的月亮是為妳而圓的，恭喜妳了！」

後來這個小女兒在我們全家人熱烈歡迎下，和自己的

媽媽、親姐姐，以及我的兩個孩子，共度了她這一生期盼已久真正「有媽媽」的第一個母親節。終於她可以親手把一朵康乃馨，親自送給自己的媽媽，並表達對媽媽無盡的愛與思念，讓在場所有的人，都為之動容。

我想起我太太在和我相處這十幾年來，曾經發生過兩次突然肚子劇烈疼痛而休克昏倒在地，完全不省人事的經驗，剛好兩次我都在場，被我叫了很久才醒來，醒來後休息幾十分鐘後就沒事了。當時我很緊張，可是事後醫生又檢查不出任何可能的原因，所以我印象非常深刻。我認為該是與這個小女兒有關，為什麼我會如此想？因為在找到孩子前一個多星期，我太太一直肚子不舒服，很像經痛，但又不是，沒有任何原因，而在找到孩子之後，這些現象完全好了。

因此我推斷，那兩次肚子巨痛休克昏倒的事件，跟這孩子有關。我推算了時間，應該是在這個孩子八歲左右那一年，其次就是最近這一年半左右。於是找了個機會，我問了這孩子：「妳在小時候，八歲左右，是否有發生過重大意外事件？或生重病的經驗？」

她立刻回答：「有，在八歲那年，發生過很重大的車

禍意外。」

「發生時間點是不是在早上？」

「是在早上呀，你怎麼知道？爲什麼你會這樣問我？」
她好驚訝。

因爲我太太第一次肚子巨痛休克倒地時，正是在早上
時候發生的，當時我們一起正在澳洲。

「大約一年半前，是否也有類似的事件發生？」

「嗯！」她點著頭：「一年半前我剛買了機車，也出
了車禍。」

「是在晚上九點過後嗎？」因爲我太人第二次再發生
休克倒地，正是在約一年半前某天的晚上約九點過後。

「太不可思議了，你怎麼都知道？」我只差沒直截告
訴她，母女連心啊，雖然彼此失聯了二十年。

我的判斷完全正確，我太太身體的問題，和她的小女
兒有關聯，即便兩人二十年沒有生活在一起，毫無聯繫，
甚至小女孩第一次出事時，媽媽遠在澳洲、與台灣分隔兩
地，而孩子出事了，媽媽的身體也產生了巨大反映，眞的
很不可思議！

約五年多前，我太太當時爲了這個小女兒，做了很多

次的深層溝通，主要目的是擔心到了叛逆年紀的小女兒，不知會不會沒有媽媽在身邊，而心生怨恨，讓她言行失序。為化解心中對孩子的罣礙，並向她懺悔當年沒有帶走她的不得已，我太太那段時間，一直希望透過深層溝通，求得孩子的諒解與寬恕。

相認後，孩子有天自己談起：「五六年前，當時很叛逆，怨恨媽媽當時為什麼要姐姐不要我？為什麼不帶我走，但後來，似乎像了解媽媽當時的處境，諒解媽媽，並滿心期待能夠有一天，找到媽媽，告訴媽媽，我還是愛媽媽的。」再次事實證明，母子連心，共業波動力量的影響，如此真實的在我家人身上上演，非常不可思議！

零極限

　　前面寫了很多透過心靈的由果溯因，改善疾病的觀念方法，在我的認知裡面，心靈的溝通不等於治療，治療的層次，畢竟屬於二元對立的觀點，跟疾病的關係是對立的。雖然一般普遍醫療處置的觀念，都是使用這種對抗的療法，而我認為最高層次的療癒觀念，應該是一種全像式的思維。

　　這種「全像式的思維」一般人很難懂，近代的物理科學、量子物理，有大量的談到這方面的概念。其中一個很有名的實驗就是，想觀察「光」，究竟是「波」？還是「粒子」？你想看光是波，它就會變成波給你看，你想看光是粒子，它就呈現粒子的狀態讓你看。也就是說光可以既是波也可以是粒子，取決於「觀察者的意圖」，觀察者希望它呈現什麼，便會呈現什麼給你看，事實上這些結果，完

全違反傳統物理學的觀念。

從這個實驗理論來講，觀測者是誰？被觀測者又是誰？其實都是我們自己，也就是我們所說全像式的理論。在這個量子研究裡面，還有一個研究也很有名，就是量子疊加現象，或是遠距的鬼魅現象。我們都知道電子是無法被切割的，它是非常微小的粒子，不像原子核還可以切割成質子、中子，電子是無法被切割的。物理學家們觀察到同一顆電子，可以同處在兩個不同的空間裡，不管距離有多遠，它們彼此是可以做一些同步的動作的。

比如 A 空間的電子，向右邊旋轉了兩次，B 空間的電子也同步向右邊旋轉兩次，在這兩個不同的空間當中，並沒有任何的交通往來，沒有任何訊息波動的聯繫，但它們卻同步在運作著，而且不只是兩個空間，它們也可以在幾百個幾千個空間同時存在，而且彼此空間不管相隔多遠，它們都可以同步，而且彼此同步，所以這也被稱為量子疊加現象。

在這個原理當中，物理科學家觀察到，原來我們都是一體，只是分屬在不同的空間罷了。因此我們如果能夠突破這個觀念，對疾病的療癒就有一個很大的進展空間了。

這意思是說，你生病了，等於我生病了，我改變，等於你改變了，當我轉換了，你的病也轉換了，這麼講也許聽來還很抽象。

有一本書叫《零極限》，這本書的作者是一個夏威夷的原住民，叫修藍博士，他面對三十幾個精神病患，但他不必去看這些病患本人，他隔著房間，看一張列有這三十幾個人的名單，並對這些名單懺悔，他只講了四句話；「對不起，請原諒我，謝謝你，我愛你。」他只用了這四句話，不斷的清理他跟這些病患的關係，清理完之後，這三十幾個精神病患都奇蹟似的被改善成功。

可是他並沒有面對面的與這三十幾個病患相處，而這三十幾個精神病患，也不知道修藍博士是誰，到底對他們做了什麼？是兩方完全沒有見過面的，不認識的彼此，更不要說是治療了，完全沒有。神奇的是經過這麼做，這三十幾位病患居然好了，也就是說修藍博士，完全明白這個理論的原理，而這個原理也慢慢的被大眾所認同。

大約在 2005 年左右，我的深層溝通技術也向上躍進了另一個境界，在這之前，深層溝通技術都是一對一溝通模式，每個個案平均都要做五十小時以上的溝通服務，相

對溝通師也是要耗上同等的時間,所以溝通師再多,永遠都不夠。因為如此,我又研究發展出「共業場」溝通技術,這項技術能夠讓一個溝通師,同時溝通數十個個案,我個人最多紀錄是,同時對三百多人帶「共業場」溝通,一樣所有的個案都能回溯前世,清除心靈種子,或與亡靈溝通,都沒有問題。

而所謂的「共業場」溝通,採用的理論基礎,正是量子疊加現象,全像式概念,因為不管來的個案人數有多少,看似是不同分別的個體,實質是同一個整體,沒有分別,因為都有其共業。而因為這些共業所形成的場域,我把它稱為「共業場」,這個「共業場」,其實就是一種心靈深層溝通的磁場。

共業場更深更廣的意義,就是一個華嚴世界,一個量子的無量之網,每一個參與者不就是一顆又一顆的摩尼寶珠,互相輝映著彼此,透過共業這個無量之網,形成了整個「因陀羅網」,網網相連因果交錯,此端的改變,彼端也改變了,此端的心結打開了,彼端也打開了。所以過去參加過共業場溝通數千人之中,有非常多的人都發現,他們身邊的家人改變了,其實是來自於內在他自己的改變。

　　在共業原理之下，我有了兩次切身的因緣：

　　我的岳父因為曾經喝酒後撞到了頭，而導致顱內出血。就在去年端午節前，突然昏倒不省人事，我太太剛好回娘家，發現之後馬上送醫。因為顱內出血得非常嚴重，如果不馬上開刀把瘀血清除，會有生命的危險。

　　當時我人正在馬來西亞演講，返台一下飛機，立刻接到太太的簡訊：「在醫院陪爸爸」。我趕到醫院，看到岳父頭髮被剃光、吊兩個血袋在讓他顱內的血慢慢的引流出。剛動完手術的岳父麻醉退了，非常的痛在呻吟，看到這個情況，我拿了張椅子坐在旁邊，便開始靜坐冥想。

　　太太很好奇：「你在做什麼？」

　　「我在冥想，想實驗一種方式，相信對爸爸會有幫助。」

　　我觀想：岳父的頭部，就像水的漣漪，波動不斷的擴充出去，利用這個漣漪的波動，來改善他頭痛的部分。隔壁病床是位老先生，一直在咳嗽，整天沒有停過，對我岳父也是一種干擾。我同時幫這位老先生做觀想，觀想他的肺部、胸部，觀想波動會將老先生的情形改善。之後我又觀想著：有無數個我，走進幾百間病房裡面，去幫每個病

人這麼做；不過我要這麼講，在其他的重症病房裡面，沒有一個人知道我在做什麼，因為我是用觀想冥想的方式。

我當時觀想所有的病人在我面前，而我跪下來對他們頂禮懺悔，念懺悔文，對他們真心的懺悔，同時我也觀想所有的病人，跟我做同樣的動作，為自己的病做懺悔及頂禮，前後總共約十分鐘吧。

做完這樣的觀想跟頂禮之後，便請我太太問岳父：「頭是不是比較舒服了？」岳父說真的比較不痛了；可是隔壁病床的老先生還是在咳嗽，我跟太太悄悄說：「那位老先生大概再過兩分鐘就不會咳了。」果真那位老先生不到兩分鐘就不再咳，之後也有好一陣子，都沒有聽到他在咳嗽。

另外一次是來自於我的岳母，在同一年的中秋節，我人在美國巡迴演講，回到台灣後，岳母住在我家，半夜她的疾病發作，於是我和太太緊急送她到醫院急診。那天早上，我整個上午陪她在急診室，然而整個急診室非常繁忙，掛急診的病人又多，吵吵嚷嚷，痛苦呻吟，什麼聲音都有。我的岳母也不好過，於是我再次實驗之前對岳父所做的方式：我就在急診室內靜坐，一樣觀想我對所有的病

人懺悔，同時也觀想所有人一起這麼做，跟前次完全一樣，靜坐約十分鐘，結束後不到三分鐘吧，整個急診室越來越安靜，甚至有片刻是完全沒有聲音的，好像突然斷電一樣，鴉雀無聲。直到我們離開時，都非常的安靜，當然並沒有人知道我做了什麼，只有我清楚明白而已。

　　當時我做這樣的實驗，不是在展現有什麼神通力，各位讀者請不要誤會，我沒有任何的神通力、也沒有任何的療癒能力，我用的只是共業的原理罷了。也就是說，所有那棟大樓病房的重症病患，既然都在我的面前生病了，是我的問題，所以我觀想變成無數個我，走進醫院所有病房，對所有病人懺悔、頂禮，也觀想所有的病人都跟我一樣這樣做，因為我們都是一體。切記，「我們都是一體，無有分別」，基於此共業場的原理，我才這麼做的。

　　既然岳父母都受到改善，隔壁病房的老先生也受到改善，那麼我很確定整個醫院的病患，應該也有受到改善才對，只是沒有人知道我做了什麼，就算跟他們說了，他們大概也不會相信。這個實驗證明了「零極限」的方法，確實有效，也證實了我的「共業場理論」是可行的。

　　這種深層溝通，是等同於內在、整體、沒有距離、沒

有向度的；是一種深層的波動影響，很難形容的一種概念。有很多研究心靈的人，慢慢了解到這種原理，相信未來可以提供人類，一些很好的借鏡及治療的理論。這樣的一個方式，已經跳脫了二元對立的舊思維、跳脫了對抗疾病的觀念、修復的觀念，而是一種全像式、全方位的量子躍進觀念。

如果這樣的原理可行的話，未來我們人類的疾病療癒，便已經超越了藥物治療的概念，這或許也是療癒疾病的一種新觀點，在此也與大家分享。

鏡空

在共業場溝通法中，有一個非常重要的原理，那就是「鏡空」。

「鏡空」理論，可說是我個人為這個現象所定義新創的名詞，科學界、量子物理學界並沒有這個名詞，至少我知道是沒有。因鏡空理論是比較深奧難懂的理論，所以我有必要在這兒，再把「鏡空」理論特別的說明清楚，讓大家能更明白。

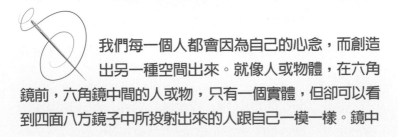

我們每一個人都會因為自己的心念，而創造出另一種空間出來。就像人或物體，在六角鏡前，六角鏡中間的人或物，只有一個實體，但卻可以看到四面八方鏡子中所投射出來的人跟自己一模一樣。鏡中

央的人做了任何一個動作，鏡中的我同樣的也會做出相同的動作，這就是我們講的「疊加現象」。

這個理論很奇特的是，空間與空間其實也是一種「泡泡現象」，這個泡泡與另外一個泡泡是相輝映的。在量子物理科學中有一個現象是：最微細的粒子，我們稱爲「夸克」，當科學家想看夸克的時候，夸克就出現讓他看到了，當科學家不想看的時候，它就不見了。這代表了什麼？夸克這個粒子，其實也是因我們的想法而創造出來的，當我們想看到它的時候，它就出現了，我們不想看到它，它就不見了。擴大來看我們現在物質界的現象，萬事萬物不都是如此嗎？當我們想看到一張桌子的存在，這個桌子就存在了，而桌子實體本身而言，它是由一群不存在的粒子，也就是夸克、中子、質子、原子、電子所形成的。所以是我們想看到這個桌子，而桌子才存在的，當我們不想看到它的時候，它就不存在了，這個就是我講的「鏡空理論」。

從我這個空間看出去，我會投射另外一個我到現在所處的另外一個空間，而我的投射有時候也會有被扭曲的狀

態發生。就像鏡子一樣，有些哈哈鏡、凹凸鏡照到你本身時，你會發現本來是很瘦的變得很胖，原本很高的卻變得很矮，這是凹凸鏡或哈哈鏡的效果，因為鏡子的扭曲產生實體的扭曲。其實不是實體扭曲了，而是我們創造了扭曲的鏡相來給自己而已。當我們在六角鏡中，可以同時看到四面八方的我，做了一個動作，四面八方的我同時也會做那個動作，這之間並不需要任何能量的交流或者訊息的溝通，是同步性的展開來，了解這個原理時，就會發現，甚至在時間的延續上也有這種現象。

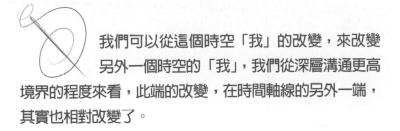

　　我們可以從這個時空「我」的改變，來改變另外一個時空的「我」，我們從深層溝通更高境界的程度來看，此端的改變，在時間軸線的另外一端，其實也相對改變了。

　　為什麼？因為另外一端，不就是鏡子中、另外一端的你嗎？也就是說，這一端的我做了一個動作，時間軸線上另外一端的我，也同步做了一個動作，而我這個動作改變了什麼，那個時空的我也改變了什麼。所以為什麼在新時

代的書當中會寫道：改變過去現在與未來的因緣，就在「當下」的威力點。這句話一點都沒錯！我們看到溝通現象的效果，這端的改變彼端是同步改變了，而這個同步的動作，確實會造成不同遠近距離作用的影響，所產生整個過程與結果，會是不同的。

● 佛陀當年在菩提樹下成佛之後，所講的第一部經就是《華嚴經》，《華嚴經》所談論的重點之一正是「鏡空理論」，《華嚴經》中也用了許多的概念來形容這一理論：

● 「見一一毛孔出一切佛刹、微塵、數寶，樹雲，遍法界虛空界……」

● 「菩提心者，猶如明鏡普現一切法門像故。」

● 「菩提心者如因陀羅網，能伏煩惱阿修羅故。」

● 「於一刹中成正覺，一切刹處悉亦成，一切入一一亦爾，隨眾生心皆示現。」

這些字句都在訴說這宇宙萬有如「鏡像」般呈現，都是心識所創而投射的鏡像而已。尤其最後這句「於一刹中成正覺，一切刹處悉亦成，一切入一一亦爾，隨眾生心皆示現。」亦即如果在一個國土之中，成就了「正等正覺」（意指成菩薩或成佛之意），那麼於一切佛國土中也全部成就

了正知正覺，一切入一，一入一切，隨順眾生之心都一一示現，也就是說當你真正成就了，每一面鏡子的你也同時都成就了。

以華嚴經裡「因陀羅網」的概念而言，整個宇宙萬有就如同因陀羅網裡面一顆又一顆的摩尼寶珠，這無邊無際的摩尼寶珠網網相連，彼此牽動互相輝映彼此，如一顆顆立體的明鏡一般照映著彼此，其中一端改變了，所有的摩尼寶珠也都改變了。

從「鏡空」理論中更深層的角度來探討，當我們從鏡子之中所看到的投射，是實體投射的影像，所以必然有所謂的「實體」存在於鏡子相對立的位置上，然後鏡子才能將此「實體」如實的反映出來。問題是這個「實體」真的是「實體」的存在嗎？真確的說「並不是」，因為連這個「實體」也是「鏡空」理論，是往內無限延伸的鏡像現象罷了，也就是說我們所認知到的真正「實體」，其實也是鏡子投射的假象而已。再從內延伸這個存在於鏡子前面的「實體」，正是心識所緣、所依、所創的「實體」，也就是一般所說的「實相」，而這個則又是另一面鏡子，就像兩面鏡子互相對映，重重疊疊又無窮無盡。

在這情形下「實相」也不再是「實相」了，重點是否能從這個「實相」，來反觀心念造相者的意圖與想法，就如同量子物理中發現「觀察者的意圖」，是隨時可以改變「被觀測者的現象」。反之，我們當然也可以從「被觀測者」所呈現的狀態，而得知「觀測者的想法與意圖」，就如同我們可以從鏡中的影像，得知照鏡子的人長相為什麼是相同的道理。

在這樣的理論基礎下，不就可以從任何人的行為造作或言談舉止之中，所投射的任何現象，而得知他真正的心念及其意圖，就如同一個人面目可憎，長相邪惡，正代表他內心心念存有邪惡憎恨的念頭或想法，一個慈眉善目的人，代表著他有一顆慈悲善良的心識，所謂相由心生、運由心轉正是此一原理。

所以一個心靈溝通師必須能完全明白「鏡空」的原理，能夠清明的覺照每一個人心念所投射的「實相」，並利用其「實相」引導個案，反觀到自己內心真正的想法與意圖，這正是溝通師的主要任務。因此未來要帶共業場深層溝通的溝通師，他的心必須清明如鏡，並且完全明白「鏡空理論」真正的精髓，那已是得到無上的智慧，會對這所有物

質宇宙的一切現象，有完全不同的看法，對於身邊所發生
的一切人、事、物，都有不同凡人的觀點，才能真正做到
「如是觀」。

　　原來心念是可以創造「實相」的，這個「實相」可以
是一個物質體、一個現象、一個事件、一份實體存在，而
通常「物質」的存在，正是心念所造出最好的具體「實相」。
雖然「物質」是種「實體」存在，但永遠別忘了它本身也
是面鏡子，既是鏡子所投射的影像，也是鏡子本身的示
現。華嚴經裡面所強調的論點，不就一直在重複此一現象
嗎？也說明了這個物質宇宙中，所謂的物質是如何產生
的，從這些理論當中，讓我們更加明白，身體的疾病現
象，不也只是我們心靈狀態，所投射出來的實相罷了。

第五章

溝通師的聆聽術

在深層溝通的心靈回溯過程中，溝通師只是一個傾聽者，引導個案從心裡的糾結中給釋放出來，那麼個案的心病自然不藥而癒。

一個優秀傑出的溝通師，在溝通過程中，技術只是「一杯」水般很簡單三兩句話而已的指令，而愛心卻是需要「一大桶」，更需要的是「一整個海洋」的耐心與同理心。

引導

　　一位好的溝通師，重點在於──如何來引導？如何來傾聽？

　　這是就技術層面所要求的，而我發現這十幾年來所教授超過一萬名學員，訓練出來的合格專業溝通師，目前只有三百多位。為什麼才成就了三百多個溝通師？重點不是在技術的複雜度，我的溝通技術非常的簡短，每項指令都只是兩三句話，不用背，但我發現最難訓練跟養成的觀點，是在於溝通師的「認知」跟「態度」。

　　心態的問題怎麼說？一般人很容易落入對個案的評估、教訓、建議、介入，甚至還不自覺的會把個案的內容說出去，而偏偏這些都是我對溝通師最嚴格要求「不能」的條件。

　　深層溝通師與心理諮詢師最大的不同地方是，心理諮

詢在整個諮詢的內容裡面，心理師所講的話，居然比個案還要多，所做的建議及分析居然比個案還多，跟我們正好恰恰相反，我們溝通師不能給個案任何的建議、任何的評估、任何的介入。

我常常教導溝通師：「一定要盡全力做到不落入善惡兩邊的觀念，當你不落兩邊，你就不落因果，一個人很容易落入善惡的觀念，因爲我們心中永遠有一把尺，用這把尺來衡量別人、來評估別人，來度量所有的一切，能夠放下這把尺，客觀的去傾聽一個人的聲音，而不管這個人講的內容是善、或惡、是好、或壞、是對、或錯的，對溝通師而言都不重要，重要的是要能引導個案，面對自己內在的問題，清理出個案心靈的種子。」

所以溝通師絕對不能有對個案評估的想法、建議的心態，或者是去批判人家的行爲，我常常講：「當溝通師能夠做到這點，他就是一個最棒的專業溝通師了。」所以我們不叫諮詢師，因爲諮詢會給予建議、給予評估、給予分析，而這些都是我在教導溝通師的時候，最大的忌諱。

溝通師必須去站在「同理心」的狀態，同理個案的經歷及狀況，在溝通過程中，有很多句話講的是：

「我了解。」

「我明白。」

「謝謝你說出來。」

諸如此類這樣的用詞，我們一邊了解個案所經歷的，也明白他內心的感受，不會對他的感受或他經歷的內容，給予任何的評估、分析或建議，也因為如此，個案更願意去表達他內在的情緒、過往所經歷的事件，以及他的感受；這樣溝通師也很容易取得個案的信任。

個案一旦信任了溝通師，很多話都會願意說出來的，溝通師必須作到就像面鏡子一樣。既然是鏡子，鏡子不能留殘影，會留殘影的就不能被稱做為鏡子，那叫底片。也就是說鏡子可以照出個案的光跟熱，就像反映出蠟燭在燃燒一樣，蠟燭在鏡子面前燃燒，鏡子可以如實的反照出這個蠟燭在燃燒的過程，但鏡子本身是不能燃燒的。蠟燭燃燒完了鏡子依舊存在，不會因為蠟燭而有所消失。

人要做到像鏡子這樣的狀態，確實非常的不容易，因為不能被個案的內容所影響、所主導，你只能如實的反映出他所不想看的點。為什麼說是鏡子呢？很簡單，個案有很多他不想面對的點，我們稱為「盲點」。盲點之所以稱

為盲點，就是自己看不到的點，而我們溝通師就像是拿鏡子的人，前後左右照出個案的盲點、所不願意面對的問題點，我們只是一個拿鏡子的引導者。

「溝通師，就是一面鏡子！」是最貼切的說法了，既然是鏡子就必須真正的做到「物來的不迎，物去的不送」的這種心態，讓自己的心如明鏡般的狀態，如實的反映出個案的各種情緒、心靈狀態。當個案看到自己的問題，他自然會面對了，只要他能夠面對了，很多的現象他就能夠改善了，所以我們只是一個引導者、聆聽者。

我也常常期許我們的專業溝通師：「你們不就是一個道道地地的『觀世音菩薩』嗎？」因為觀世音菩薩傾聽眾生的聲音，聽眾生的訴苦、眾生的病痛，是一個傾聽者，跟我們要求的溝通師不是一樣的嗎？去聽眾生的聲音，傾聽眾生的苦難。

我還常常說：「溝通師是宇宙最有價值的人，價值在於專門開啟人類心裡的光，當一個人心裡的光被開啟，整個宇宙是為之震撼的，這也是我們溝通師的價值。」但是在聆聽的過程裡面，溝通師除了養成這種心態以外，還有一個概念就是，必須具有極大的耐心，耐心也是我們溝通

技術裡面，最重要的一個元素。

　　有個學員來上課，複訓了好幾次之後，他做了一個非常經典的分享：「我覺得深層溝通的技術裡面，溝通的過程，只是一杯水的技術罷了，而愛心卻是一桶水的愛心，更需要的是一整個海洋的耐心。」

　　我覺得他形容得真好，沒錯，我們溝通技術真的只是一杯水的技術，就三兩句話而已，很簡單的指令，但真的需要一桶水的愛心，更需要有一整個海洋的耐心，這就是我們溝通師最好的寫照了。一個成功的溝通師，真的要有無比的耐心，來傾聽個案內在的心靈狀態。想想，個案願意把自己最不堪的行為內容、經歷的事件、內心的折磨，都要拿出來面對我們的溝通師，誠實的把所有的過往都說出來，那是一件非常不堪、非常難做到的事，要有多大的決心與勇氣。

　　曾經溝通過一位先生，超過四十歲了，一直不敢結婚，也沒有女朋友。在溝通當中，不斷的清理他過去的業種，他也很勇敢的講了過往不該做的事，該做沒有做的事，以及一些越軌的行為。

　　他一一的傾訴，講了十幾件之後，我請他不斷的回溯

過往：「在更早之前，有沒有類似的其他事件呢？」

「沒有了，都說完了。」他雙手不安的扭來扭去。

我不放棄，很堅定的追問：「再找找看，還有沒有不該做、卻做了的事件呢？」

「沒有了，我都講完了。」

我還是不信不放棄，還是請他再找找看：「還有沒有這些類似的事情存在過？」

我問了八九遍之後，這位先生頭就低下來了，他的雙手很不安的來回交錯，我很清楚他一定還有一個結沒有講出來，加上他的行為在在透露出這些訊息。

「沒關係，我們面對一次就好，當時，你發生了什麼事？」

他開始更不安了，完全講不出一句話，在旁邊支支吾吾的，擠不出話來，就這樣我們堅持了半個小時，他真的一句話都講不出來。

「沒關係你已經看到了，你只要勇敢的表達就好，當時發生什麼事了？」

他還是支支吾吾的，我當然很明白，他有一個很重大的種子，被他自己看到了，只是他還無法面對，於是當下

決定先問發生的時間：「先告訴我，是多久以前的事？」不追問事件的內容，希望能換個角度引導他。

「國中的時候。」

「很好，我們再回到國中的時候，當時你是幾年級？」

「二年級。」

「我們再回到國中二年級，當時是白天還是晚上呢？」

「黃昏。」他好不容易的擠出兩個字。

「你已經看到了，我們再面對一次；回到國中二年級，那天的黃昏時，你在哪裡？」

「在我家院子裡。」

「你看到了！回到國中二年級，那天黃昏在你家的院子裡，當時發生了什麼事？」

「我當時—— 專門找貓、狗，去做那檔愛做的事。」

說真的，當時我聽到這個內容，心裡是極詫異的！我本來在想，以一個國中生能夠做什麼不好的事？頂多是賭博、翹課、考試作弊、偷東西、偷拿錢之類的，但他親口講的，遠超過我的想像！我很鎮定的跟他說：「謝謝你說出來，你很勇敢，我們再面對一次，回到國中二年級，那天黃昏在你家的院子裡，當時你怎麼了？」

他更詳細的講出當時他專門找貓、狗做那件事，尤其趁父母親還沒有下班回來的時候，他便在院子裡做這樣的事。講完第三遍，這位先生深深的嘆了一口氣。當時他給我的感覺，好像是他背了三十年心中的大石頭，終於放下了，他的臉色頓時亮了起來；這種亮，是一般人用肉眼都看得出，都可以感覺得到，非常神奇。

當做完了這個個案時，我心裡有很深的領悟：他撐了半個多小時，才把他過往不堪的內容，對我說了出來，那真的需要很大的勇氣，換成是我們自己，如果有做了跟他一樣的事，我們真的能夠勇敢的面對一個人，把這些過往的不堪講出口嗎？也許我們不只要花半個小時，說不定我們還要花三十個小時，甚至更久都還不一定說得出來。而這位先生、這個個案，非常勇敢的面對我，並說出這件事，那必須是要一份無比的勇氣。記得當時我讚嘆他：「你很勇敢、很誠實。」不過話說回來，如果我的耐心不夠，沒堅持到底、一直追問到底，我想個案最深、最大的種子，永遠不會被清除成功了。

由此可見，一個溝通師的耐心是非常重要的，當然包括他的態度及觀念，即便我訓練了這麼多的溝通師，但也

發現到，要培養一個人的心性、觀念跟態度是最難的，要
訓練一個人的技術，反而是最簡單的，這是我這十幾年來
最大的一個心得了。一個溝通師，要懂得去傾聽別人內在
的聲音，姑且稱之為「慈悲的傾聽」吧！為什麼佛陀當時
要他的弟子要學會諦聽，諦聽的意思就是「專注的傾聽」，
慈悲的傾聽對方的心聲，而傾聽者不能多話，傾聽者不能
有意見，只能傾聽，慈悲的聆聽就好了；這就是深層溝通
過程中，對溝通師最根本的要求！

　　也因為這個嚴格的要求，要通過我的審核，成為專業
的溝通師真的很不容易，在重重的關卡裡，勢必要面對不
同的考驗，確實需要一番的磨練，最困難的還是心性的層
面；除了不評估、不建議、不兩舌、不介入、不教誨、不
公開內容之外，最困難的還是心性的層面。心性這一塊，
也是永遠沒有一個標準的。

　　即便當時佛陀對他的弟子，也無法要求心性，因為心
性這個東西，是要靠個人的修練。所幸的是，我們的溝通
師可以透過溝通的內容，不斷調整自己的心性修行，因為
當他做的個案越多，越能夠同理個案的內在心裡的感受。
當看過千百個不同的個案，所回溯的過往，溝通師自己也

會有所覺悟，甚至會從中得到無上的智慧。就如佛家有一句話：「透過召見別人的因緣，可以破自己的塵沙惑。」從看到別人的因緣中，可以破除自己在這個塵世間的困惑，而得到智慧，破除了無明，智慧自然開啟。我說過溝通師是個案的一面鏡子，其實以成像理論來講，個案不也是溝通師的一面鏡子嗎？

這不是個案的問題

　　溝通師常常會遇到一個奇妙的現象，比如他目前自己也有一個困境狀況存在，這段時間他所接的個案，神奇的是那些個案也都跟他有一樣的問題存在。比如說，這位溝通師，目前為了感情的事情在煩惱，在想不開，而他所接的個案，幾乎都會是跟感情有關的內容。

　　有意思的是，如果他能引導個案，穿越對感情執著的障礙、清除了感情的種子之後，溝通師自己也就穿越了。這個互為因果的觀念，很明顯的看得出來，個案也是溝通師的一面鏡子，所以我也常常跟溝通師講：「不要忘了，既然個案是你的一面鏡子，你不能把個案無法回溯的責任推給個案。」尤其初當溝通師，常常因為所帶的個案無法回溯，就怪罪是個案不肯面對、不願回溯，或是推說因為個案有藥物的影響、有業種，所以無法回溯……

　　我常常提醒溝通師：「這不是個案的問題，是溝通師的問題，個案無法回溯，代表你自己無法回溯；個案卡住了，代表你也卡住了；個案不肯懺悔，是你這個溝通師不肯懺悔；是你的問題，所以你要對個案懺悔才對，當你肯對個案懺悔，個案當然願意對你懺悔，當你肯穿越面對了，個案自然也就穿越了，所以絕對不是個案的問題，是你這個溝通師的問題。」

　　很明顯的，溝通師及個案也是一種共業，彼此互為鏡子，如果溝通師能夠領悟到這個點，從慈悲的聆聽，從諦聽當中，會了解到這個原理，同時也會見證到我剛剛說的全像的概念：「此端的改變，彼端也會受到影響而改變的」。而這個方法就是我所說的「聽病」。

　　如果讀者朋友，有機會接觸到面對溝通師的深層溝通時，請記著，溝通師的定位只是一個聆聽者，不是一個評估者或建議者，當然不能透露個案的姓名，更不能碰觸個案的身體，或是建議個案吃任何的藥物、秘方，這都是絕對不允許的。

了知因果

　　一位專業深層溝通師，對於「因果循環」的觀念一定要非常的清楚，否則很容易落入因果的陷阱之中，一旦陷入了果相內，溝通師和個案本身會一直在事件的果相內打轉，也因此而找不到事件發生的真正成因。一旦落入「果」中打轉而找不到「因」時，那麼整個深層溝通回溯的過程，無異是在浪費時間，對於個案本身毫無幫助，只是一場失敗無效的深層溝通了。

　　在深層溝通回溯的引導之下，個案本身通常要先找出「一件最近發生的具體事件」，而這事件是會讓個案內心罣礙的。而這些事件內容無論是什麼，通常都只是「果」的呈現，有果必然有「因」存在。

　　講因說果，並非宗教才有的專利，反倒是物理科學界，最講究因果了。例如牛頓的「第三運動定律」定義很清楚：當在這宇宙施予某種運動力出去之後，必會有相等的反作用力回來。這是一個不變的定律，同時也就是所謂的「因果律」。

　　溝通師本身必須具備「從果溯因」的觀念及溝通技巧，不能落入事件的果裡面打轉。我們會引導個案一再回溯過往，去找出還有沒有其他類似的事件存在，然後再從那些事件內容本身，再去判斷是果還是因。

　　當然有些事件本身既是果，也是因。比如：A事件的前因來自於B，而B事件本身也是另一個果，這個果的前因卻是來自於C，甚至C事件本身還有更早之前的因所造成，因此不斷的往前回溯直到「最初因」為止；如此一來，就可以清除掉整個事件最初的心靈種子了。最初的成因（種子）清除掉了，一連串所有的果，也相對清理不見了，往後個案也就不會再為此而重蹈覆轍了，這就是一場非常成功及標準的深層溝通了。

　　《唯識學》裡有一段話是這麼說的：「種子起現行，現行熏種子。」這段所說的概念，就跟上面所寫的內容是

完全一樣的概念，我用例子來說明這個概念：

有一位中年男子，因為有高血壓的疾病症狀前來讓我做溝通。在溝通中我問他：「第一次發現自己有高血壓症狀是多久以前的事？」

「六年前。」

於是我請他回溯到六年前，去找出當年有沒有什麼事件，會讓他特別罣礙的？

「替一位非常要好的朋友作保，向銀行貸款了三千萬台幣，沒想到朋友拿到了錢，卻跑路了，完全失去聯繫，害我背負三千萬的債務在自己身上。」

發生這樣的事，讓他對於好朋友非常怨恨與憤怒，就從那個時候開始，有了高血壓的症狀。從這個事件來看，他「目前高血壓的症狀」，很明顯就是一個「果」，而這個果的成因，就是來自於六年前「被好朋友倒掉三千萬」的事件，使他心中對這位朋友有著很深的怨恨及憤怒，這個極負面的情緒導致他得了高血壓。但是我們別忘記，他被朋友倒錢的事件本身，其實也是另一種「果」，既然是果，那麼就還有更早的「因」存在。

我再請他從六年前被朋友倒錢的事件，再往更早之前

回溯，再找看看還有沒有其他類似的事件？沒想到他一回溯，就回溯到前世去了，而且來到了清朝那個年代。

「看到清朝時的自己，是個大商人，買貨賣貨生意興隆，當時有個客商跟我往來很久，有過許多次不錯的買賣記錄，彼此都很互相信任了。有一次他跟我訂購了一大批的貨，因爲過去雙方往來很久，彼此非常信任，他就先把巨額的貨款先給了我，只要我準時交貨就好。沒有想到所準備的貨卻出現狀況，無法準時交，甚至已經確定交不出貨來，於是我起了一個貪婪的念頭，心想反正貨款已經到手了，而貨是交不出來，不如就捲款而逃。」

當時那筆貨款，就大約等同於現在的台幣三千萬，而先給他貨款的那位客商，就是今生倒他三千萬台幣的好朋友。這些內容都在個案自己，溝通回溯前世時完全看清楚了，當眞即是所謂的「一報還一報」。

溝通完後，他告訴我說：「老師，我明白了！我的好朋友並沒有倒我的錢，我只是把當年的貨款，退還給他罷了，何況他還沒有算我這幾百年來的利息呢！」於是他放下了對好朋友的怨恨，自然也不會再爲今生被倒債而憤恨不平了。神奇的是，過幾天他去給醫生做檢查，他的高血

壓症狀完全不見了。

　　從這個案例來看，不正是所謂「種子起現行，現行熏種子」嗎？在前世清朝中，他捲走了貨款的事件，本身就是造了一個「業種」，而這個業種到今生，起了一個現行的果：「好朋友倒了他三千萬元」。突然被倒錢也是一種果報，而這個倒錢事件的「果」又新熏出一個新的種子，就是他「怨恨、憤怒、不甘心」的心念，這個心念的因，又形成他得了高血壓的果，如此一來就形成了整個因果循環的鏈子。種子起現行，現行熏種子，熏出的種子，又再起現行，如此不斷的因果循環，若不去拆解清除，將輪迴不止……

　　上述的案例，還只是單一線性的因果循環模式而已，有些事件的因果線，涉及的層面很廣，可說是錯綜複雜，所以每個溝通師都必須具備非常清晰的「因果鏈觀念」才行，只要能夠耐心的找到所有事件的初因，對於個案本身的幫忙就非常明顯可見。

　　也因為因果循環的現象存在，自然而然就會衍生出「前世輪迴」的問題出來。我相信還是有些人，或某些西方宗教並不相信有前世輪迴存在的事實，但目前已經有非

常大量的科學證據，可以證實前世輪迴是真實存在的事實。如果沒有前世輪迴的話，我們目前生活上有太多的事件都是解釋不通的，最簡單的例子，莫如西藏的活佛轉世，那就完全無法解釋了，正因為人有前世，許多因果的事件才可以解釋開來了。

如果有回溯前世的內容，只要是今生能夠求證的，我們都會鼓勵個案去求證。截至目前為止，凡是個案今生能求證到的人事物，真的都與回溯內容是相吻合的。

當然也有太多、太久的前世過往，已無從考證，但就我研發這項技術的理論及目的來看，無論個案本身回溯前世的內容是真、是假，並不重要，而是藉由溝通回溯這樣簡單的方式，能讓個案在事件中領悟，並對事件的人事物能釋懷、放下，得到身心的解脫自在，這才是深層溝通真正要達到的目的。

這讓我想到很多年前，曾經有一次在北部的中心公開演講，其中有位來賓很明顯是來踢館的，他當場挑釁的大

聲問：「你們深層溝通回溯的內容，根本都是狗屎一堆，什麼前世、外靈都是狗屎！」他非常不客氣，也很不禮貌的如此說，確實當時許多人都因為他的發言而呆住了，氣氛很凝重，大家眼睛都睜大地看著我，等著我的回應。

「我完全同意您的看法，深層溝通回溯的內容，真的都是一堆狗屎，可是別忘了，這些狗屎般的內容，可都是從個案嘴巴裡，說出來給我聽的，從來都不是我說出來的啊！」

當時現場的來賓聽完我的回答，哄堂大笑，連他自己也忍不住大笑了，當然也化解了現場原本蕭殺尷尬的氣氛了。其實我的回答完全是事實，因為所有深層溝通過程中，個案本身所說出來的內容，無論是小時候、嬰兒期、胎兒期以及前世所有的內容，包括個案本身看到的亡靈、外靈，連同預觀到的未來的所有內容，無不都是個案本身講出來給我們聽的，從來就不是溝通師說給個案聽的啊！

溝通師僅僅只是扮演一個「忠實且專注的聆聽者」而已，再加上技巧性地依個案所敘述的內容，如實引導個案面對內在的自己，使個案達到生命轉化、更幸福快樂的生活目的而已。

　　所以，要做爲一位專業且優秀的深層溝通師，一定要懂得聆聽，並能聽出個案事件的重點，再善加巧妙地引導，找到個案心靈種子的初因，稱職地扮演好個案的「一面鏡子」，了知因果循環的原理，更需遵守溝通師的「六不原則」：

- 絕對不能對個案有任何的評估。
- 絕不能將個案的名字、內容對外宣說。
- 不能給予個案任何的建議。
- 不能教誨、訓斥個案。
- 不能介入個案事件內容中。
- 不能碰觸個案的身體。

第六章

心靈創化的假象

電影影片的膠卷，如果不播映時，將會看到一格格定格裡面的人、物、場景，是靜止不動的。當放映產生波動，所投射出來的影像在銀幕上就是栩栩如生，跟真人一樣。

　　基於這樣的原理，我們可以知道身體也是一樣在震動，也有波動存在，任何物質都在震動，也都有一定的頻率，一定的能量場存在。那麼能不能由波動，來改變人的身體結構跟狀況呢？

一種頻率的存在

　　量子跟波動是一體的東西，只是表達的方式不太一樣而已，爲什麼我會對波動科學有一些認識呢？

　　在過去我研究的技術裡面，必須接觸大量的量子物理一些理論，這裡面也常常提到，波動或震動頻率。我們現在所看到的任何一種現象，都是一種振動，都是一種頻率的存在，不要小看眼前的這張桌子或椅子，看起來是不動的，其實內在的分子動得可厲害了。

　　以量子物理的科學角度來觀察，這張不動的桌子，裡面的分子動的速度，比高速公路的車子還要快，時速達到兩百多公里，相當於高鐵的速度了，爲什麼可以動得這麼快呢？因爲裡面的空氣非常的遼闊，也就是說粒子跟粒子中間的空間非常的大，所以粒子、分子可以跑得很快，也因爲它們在震動，你才看得到這張桌子的存在，如果這些

粒子都不動了，很抱歉，你將看不到這張桌子的存在了。

2010 年 6 月份，在日本東京的江本勝先生，為我辦了一場演講。江本勝先生是《生命的答案，水知道》這本書的作者，透過對水的觀察及研究，他拍出了水的震動的結晶，呈現給世人。經由這個水呈現的象，他證明了人的心念跟語言的波動，可以改變水結晶的結構，也因為發現了這件事，他常常到世界各國去演講。我也曾經邀請他來台灣跟馬來西亞跟新加坡，辦了巡迴六場的演講，因為這樣的因緣，我跟江本勝先生私交非常的好。

2010 年 6 月我到日本東京的時候，透過江本勝先生認識了來自奧地利維也納的波動科學家，Mr. Hans Schindler，我們聊出彼此在心靈領域裡面的成果，後來乾脆邀請他到台灣，來參觀我的中心以及我的技術與研究。他第一次來到台灣，看到我所做的一切，這十幾年來所做的發展及規模，他非常驚訝的稱讚：「第一次看到一個人可以把心靈這門科學，用得如此的透徹，還可以發展得這麼好、這麼的有規模，一般很多的心靈工作者只是個人的工作室、或工作坊的型態，很少做到這麼國際性的規模。」

「你所做的這些研究不會白費的！」Mr. Hans Schindler 興奮的說：「我可以把你這些資料轉換成波動程式的儀器，可以把波動的原理，設計一台波動的檢測儀，可以測出人類的心靈的種子、想法情緒，包括肉體的疾病是因爲什麼種子引起的？疾病是來自於什麼樣的情緒、想法所引起的？或者也能夠測出一個人現在的行爲模式，是來自於哪一世的行爲模式？他前世的身分是什麼？他在哪個地區輪迴過？當時怎麼死的？死亡的地方是在哪裡？都可以測得出來，還可以測出他今生來這個地球的目的是什麼？」

　　我當時聽到他的說明，非常的不可思議，這正是這十幾年來，我一直在努力的方向，過去在研究心靈這個領域裡面，最苦惱的就是，沒有辦法提出一個很確切的證據給個案看，當然還好的是，個案自己說看到前世的內容，是他自己所看到的，講出的心靈的種子也是由個案自己說的，不然我就落入所謂的通靈或靈媒的角色了。

　　我不會通靈，也不是靈媒，只能傾聽個案的內容，因此我的定位沒有欺騙的風險存在，因爲所有的內容，完全是個案告訴我或是告訴溝通師，但是我還是很期盼能夠有一個科學的證據，來證明個案所講的一切，如果眞的能做

到這樣，那眞的太完美了！

　　江本勝當時發表出那個水結晶的時候，讓我非常的振奮！他的實驗證明了，我的理論是對的，也就是說我們的心念可以改變物質，如同唯識學所說：「萬法唯識」。既然宇宙萬事萬物都是心所創的，那麼這些萬物跟我們心是一體的，我心念的改變，萬物當然也會跟著改變。江本勝的水結晶實驗，證明了這個想法，可是我在講心靈的種子、前世的輪迴、閱歷，或外靈的問題，我始終苦於無證據來證明這些存在，而這位 Mr. Hans Schindler 告訴我可以這麼做的時候，我眞的眞的非常的興奮！

　　於是我們兩個決定共同開發一套，全世界第一台可以測出人類心靈種子、前世因果、包括無形眾生存在的一台儀器，在那段時間就日以繼夜的，我把這段時間所研究人類心靈的各種狀態，所呈現的各種內容編寫出來，寫了數千數萬筆的資料，不斷的傳給奧地利維也納的這位科學家，透過他波動的原理，根據我的資料，設計出一套可以檢測心靈波動的程式儀器。

　　剛研發出來我們不斷的做測試，找了許多學員以及工作同仁，不斷的投入這個儀器的研究，過去在研究量子的

檢測儀，可以測出一個人身上九千多種的疾病狀態，包括心靈疾病的狀態，但多是偏重於身體疾病的檢測，而心靈的成分所佔的比例非常的少。

這次心靈波動檢測，主要是以心靈為主導，不再以身體狀態為先，所以整個的研究是以心靈種子、心靈情緒、前世輪迴和無形眾生為導向，包括靈魂層次跟脈輪、能量比例等來做我們的研究參考。在經過整整半年多不斷的測試、研發、討論，終於在 2011 年的三月份，正式把這台波動儀器，公開給世人知道。推出之後，使用過波動儀器的朋友都覺得不可思議，連過往的想法、情緒、內在深層的問題，都被這台波動儀誠實的表達出來、一覽無遺。但要申明的是，這台儀器純粹是用來印證我的理論看法是對的，並不對外販售。

我要這麼講：心念就是一種波動！當然情緒也是一種波動，語言文字，包括任何桌子、椅子等物質的存在，都是一種波動的存在。萬事萬物都有波動的存在，只要有一台儀器能夠測出波動的分別性，自然就可以很精確的測出一個人的行為及現象了，因為身上的各種波動，都是根據我的想法所創造出來的。在這裡要用一個概念來形容：

健康的身體波動是和諧的,所以不會感覺到身上哪個部位不舒服,或是有疼痛的現象。可是如果有一天,比方胃痛了,那代表說胃現在的波動頻率跟身體的波動頻率是不和諧的,也就是胃的波動,可能是一種激烈的震盪,因而導致感覺到胃痛的產生。

　　波動儀器便是根據這個原理,測出胃在痛,會透過符號或顏色來顯示,因為疼痛那裡的頻率,跟你身上的頻率是不一樣了。所以這台波動儀可以測出五臟六腑裡面,有哪個器官有不正常的訊號,不正常的波動,或者有疾病產生。嚴格來說,這不算什麼,目前有很多的儀器也都可以做到,不困難。但是這台儀器,不但可以知道疼痛部位外,還可以知道成因來自於什麼?是來自於你心靈哪顆種子的影響?或者是來自於什麼樣的想法?什麼樣的情緒的影響?或者是來自於前世的某個因緣?

　　也就是說,胃痛是一個果,而這個胃痛的因,這台儀器可以測得出來,還可以證明給你看,當你改變了你的想法或是改變了你的思維,或者用一句話來提醒自己,而這

個想法、這句話能不能改變你的胃或者是其他器官呢？這個儀器都可以證明給你看：

比如胃痛了，儀器可能會要求你說一句話如何改善自己的胃痛，你可能會說：「放輕鬆。」就憑藉「放輕鬆」這三個字，一直告訴自己之後，再掃描一遍胃，胃痛的現象居然可以舒緩甚至不見了。因為放輕鬆這三個字對你的胃來說，是有效的！那麼就是證明說：一句話、一個想法，都可以改變導致我們的器官不舒服的波動狀況。

傾聽內在的自己

　　所有肉體的疾病、疼痛，基本上都是由心靈所創化出來的，一切都是被心識所影響，因此要好好研究心識的結構，了解心理的現象，從心著眼，自然就可以醫治源自心靈的百病。

　　因爲心靈的狀態改變、思想改變，疾病的果自然會改變。既然人類的心靈可以創化「病毒種」來給自己，而造成疾病的發生，那麼就一樣可以療癒自己的肉體的疾病，所以眞正要治療的是心靈、是意識、是靈魂，而不是肉體，我相信這是未來醫學所需要研究的方向。

　　所有物質的現象，都是由心識創化出來的結果，所以物質的肉體也是心識創化的，因此身體上的各種疾病，不免就有來自心識所創。既然疾病是由心識所創，那麼能夠治療疾病的，永遠是自己的心靈。外求的方法，只是短暫

的控制，減緩肉體的疼痛而已，真正能夠痊癒的，主要還是來自於內在的力量，所以依賴外求的方法，外力的方法，只會讓自己更降低、更沒有能力療癒自己而已。

心識不僅創造了肉體，也創造了肉體內的各項器官及所有的細胞組織，因此每個細胞，每項器官都有自己的想法、情緒及存在的功用及目的。既然如此，不同器官五臟六腑的病痛，也正代表某種情緒的表達，而不同器官所存在的想法及表達，也都和心靈的某個區塊有著相對應的聯結。

也就是說，從某個疾病現象所呈現的訊息，可以解讀出他的心靈狀態，正處於某種想法當中，反之亦然。從心靈的情緒、固執的想法當中也可以知道，身體哪些器官將罹患何種疾病了。這和中醫學上的情志內因會導致身體病變是同樣的道理。

藉由肉體疾病的果，追溯至心靈存在的因，對於某些疾病，用以果溯因的觀念及機制來處理，才能真正的正本清源，否則是不能除根斷因的。藥物的研究，絕對不能用二元對立的觀念，例如殺死病毒、殺死細菌、殺死細胞、割除腫瘤，如此的對抗這些觀念，只會造成更大的副作

用，因此建議必須朝修補、融入、合而為一、恢復的觀念來研究才對。

　　至於集體意識，是由一群人共同的意識、共同的想法及認知所匯集而成的，又稱「共業」。這種集體性機制也會產生集體性的疾病，例如傳染病、瘟疫、流行病，只要清除集體意識原始性的種子，傳染疾病的結果同時也會根除掉，同時也會喚醒「我們是一體的」這種想法。

　　心靈本身也有複製的機制存在，尤其有共業的家人，或因緣很深的家人，都有可能彼此複製，包括疾病，遺傳病，只要能夠斷除心靈複製對方的感染力，這些感染病遺傳病自然痊癒，因為這些傳染病，只是心靈的複製力量所呈現的「果」而已。

　　肉體或各種生命形體，代表心識想法的一種呈現，如果意識想法不平衡，就會透過身體的現象，形成可見或可感受到的實體來表達，所以有時候生病並非來自於身體，而是來自於心靈，肉體疾病只是心靈想法所呈現的果而已。

疾病產生的目的只有一個，就是讓我們看到自己的匱乏與不足，還有失落的點；而目標也只有一個，就是讓我們知道，要調整一個更完整完美的自我。疾病本身就是一個二元對立的現象，當能化解對立，合而為一，成為一種完整性的和諧時，疾病即可改善，甚至痊癒了。

　　執著本身就會導致疾病，因為執著就是一種想法的堅持，會因此而無法超越及解脫，而且受制於某種形式的存在，而只要癥結一直存在、無法改變，就會產生疾病，化解執著，也就化解疾病了。疾病的發生，也是心靈對話的溝通管道，表達內我的一種方法，有人藉由疾病來達到某種交換或報酬，甚至是在演戲給別人看，傳達內我的想法，也是疾病發生的功能之一，只要懂得傾聽內在我的聲音，就會達到疾病療癒的可能。

　　會疼痛不舒服，絕對不是來自於肉體的感覺，而是來自於心靈的感知，一個沒有心靈存在的死人，無論怎麼鞭打他的肉身、切割他的身體，死

人是絕對不會痛也不會叫的，因此痛是來自於心靈的感知，而非肉體的感知。

　　從時間的角度來看，疾病不過是軸心向因果兩端的現象而已，了解因果所存在的理由，就可以明白疾病存在的道理，找到疾病存在的根源，就可以有效的改變疾病。疾病的存在，有時也是一種喚醒自我存在的手段：因為我很痛、不舒服，都是在證明我的存在。

　　所以請好好的問自己：

　　「我怎麼了？」

　　「我為什麼會這樣？」

　　「我為什麼生病了？」

　　從以上這些結論，我們更清楚明白，未來醫學的導向應該是導向心靈，而不是把焦點放在肉體上面而已。我還是要強調，肉體方面的疾病，只是果相，必須要懂得從果相回溯找到因象才對。

　　如果人類能夠升級到這種程度，未來疾病的療癒，將會是一種神奇又快速的方法，而且有效又沒有副作用的，轉變一個心念，疾病的現象就可以療癒了，就像我所經歷

過的疾病一樣，後來我證實了很多次，疾病是假的，不過
都是心靈創化的假象而已。

用心與萬物溝通

　　深層溝通技術發展到極致，就是與天地萬物之間都可以溝通。很不可思議吧！

　　試想想，既然深層溝通可以溝通個案的身體、心靈、靈魂、外靈、身體疾病、回溯前世、預觀未來，那麼擴大範圍去溝通我們身邊存在的花草樹木，動物、石頭、水，包括所有的物質實體、宇宙訊息……等，其實都是可以溝通的。日本的江本勝博士，不就用科學技術證實了簡單的水，都會有水的想法、情緒、記憶，連水都是可以溝通的，有興趣的朋友可參閱江本勝博士的著作。以我所研究的深層溝通技術原理，這一切萬物都是可以溝通，我們只要能用「心」真誠地去感知萬物，任何一個人，都能做到，一點都不難，並不需要所謂的特異功能或是靈媒體質，而是人人皆可。

　　記得在十幾年前，有一次搭飛機從加勒比海一個島國飛往美國邁阿密途中，與我同行的一位朋友跟我聊起他懂得與鳥溝通，可以知道鳥所表達的話：有一次他在上班的辦公室中，聽到外面的樹上一群鳥嘰嘰喳喳叫著，他試圖去了解牠們講話的內容，才知道原來樹上的鳥兒們在找尋一隻迷失的小鳥，這隻小鳥的父母親很擔心，牠們在開會討論如何分組去找回這隻迷失的小鳥，他很興奮地跟他同事們講這件事，但是，沒有人相信他所說的事，都當他在開玩笑，一笑置之！

　　我聽他這麼說也很訝異，我就問他：「你怎會聽得懂鳥表達的話呢？怎麼跟牠溝通呢？」

　　「我也不曉得，從小我就有這個能力，能聽得懂鳥的聲音，知道牠們在講什麼，甚至跟牠們對話，可是我跟別人說都沒人相信。那你相信嗎？」

　　我坦白跟他說：「我相信，人是可以跟動物或植物溝通的。」

　　後來陸陸續續聽到有些人會有一些特殊的能力，就是所謂的特異功能，是可以跟植物、動物溝通的，對於這些人，很令我們好奇及佩服，這是一般人所無法做到的。在

　　我研究心靈深層溝通技術當中，發現把深層溝通技術運用在跟植物、動物或物質做溝通或對話，是每一個人都可以做到的。當然我並沒有特異功能，跟我學習的學員也沒有在課堂上展現過特異功能，但我們卻能運用深層溝通的方法，可以跟任何物質溝通，只要我們能敞開自己的心融入這些物質，溝通這些訊息並不難。

　　其實目前科學已經可以證明花草樹木，各自有不同的有振盪頻率、有想法、情緒，用測謊器、量子物理檢測儀、氣場顯影攝影機等，以及心靈波動儀器，都可以精確的測出植物的磁場及波動頻率。人類的語言或行為也都會對它們有著不同的影響。Discovery 頻道曾播出科學家們對植物做的實驗，用很微細的電子設備檢測植物，他們觀察只要對植物謾罵、恐嚇，說要砍掉它、燒掉它，這些植物會出現非常大的振盪頻率出來。如果是安撫它、說愛它、喜歡它，這些植物所出現的頻率會有很不一樣的現象反映。科學家從這些電子儀器，已經證明了這些植物都有它們的想法及情緒，而我用深層溝通的方式在溝通這些植物時，也確實能感知它們的特定想法存在。

　　舉例來說，曾經有位學員來上課，課程的地點在台灣

溪頭的某渡假山莊，山莊的對面有一片小森林，那天剛好上到與「物質溝通」的單元。上完課後，這位學員就想說不妨走進森林，與森林裡所種的樹木來溝通看看。森林內種了很多的銀杏樹，銀杏樹又高又大，長得很密集，是很漂亮珍貴的銀杏林。

　　於是這位學員就用心融入跟那些銀杏樹溝通，問它們說：「你們好嗎？」

　　而他得到的訊息是：「不好！」

　　學員很納悶：「為什麼不好？在森林裡的感覺不是很好嗎？」

　　銀杏說：「因為你們人類不了解我們，為了要營造森林的感覺，把我們種得很密集，這樣對我們來說是不對的，我們需要有呼吸的空間、喘息的空間，才會長得很好，而人類為了營造森林的感覺，把我們種得太密集了，讓我們無法喘息，使我們生存空間變得越來越小，我們快要窒息了。」

　　「那怎麼辦呢？人類都已經種下去了」

　　銀杏說：「沒關係，我們了解人類不了解我們，所以我們這些銀杏如果發現有些區域種得太密集的話，我們會

自己犧牲掉兩三棵，讓自己枯死掉，好成就其他的銀杏可以生存的更好，彼此有喘息呼吸的空間。」

當這位學員聽到這訊息的時候，很感動銀杏竟然可以懂得犧牲自己來成就同伴：「我能不能代表人類來跟你們懺悔，說對不起！」

而銀杏說：「這倒不必了，因為我們了解人類不了解種植的方法，所以做錯了，但是我們可以自己調整來成就彼此，而且我們來地球的目的，是為了散播氧氣，散播愛，妝點這個地球的，所以你們也不必太自責，只是因為你們不了解我們而已。」

這個學員溝通完銀杏之後，從此他對植物的觀點完全徹底改觀，原來人類對於植物是這麼的不了解。

樹是很好的溝通師，確實是如此，每棵樹它們安穩的站在那邊，如果你覺得你最近心情不好，很鬱悶憂鬱的時候，我會強烈的建議你可以找一棵，你覺得看起來還不錯的大樹，你去靠近它，你去擁抱它，把你內心的話，告訴那棵大樹，把你鬱悶的情緒宣洩給它聽，我發現樹確實是一個很棒很棒的溝通師，因為它絕對、絕對保證，不會把你的內容傳出去的。絕對不會對你做任何的評估或建議

的，它就是一個最忠實的傾聽者。

　　這就是我在訓練溝通師最基本的要求，所以我也會常常建議我的學員：「你們不妨去找樹當你的溝通師吧，它會是一個很好的傾聽者，它就是會吸收接納你，了解你。」而且我會教學員：「當你跟樹溝通的時候，如果需要樹來回應你，你仔細的觀察，樹絕對會回應你，有時候它透過一片的落葉落在你面前，來回應你說『我了解』，你可以透過物質溝通，去融入那棵樹或那個時間點來的一陣風，你會得到令你驚訝的答案。」

　　樹也可以做一種療癒，如果你身上有一些疾病或者疼痛的現象，我會建議你去找一棵相應的樹，擁抱著它，讓它靠近你傷痛的部位，或疾病的部位，那麼通常透過樹的能量傳達，可以把疼痛或不舒服的部位，得到某種舒緩。建議大家，有機會的話脫掉你的鞋子，用赤腳去踩踩草地，把你身上的一些負能量，透過這樣的接觸大地來釋放掉，對你一定會有很大的幫助。

　　不要小看這些植物的功能，它們不是只提供氧氣給地球或提供水土的保持而已，絕對不是這樣子，這些花草樹

木的功能遠超過你我的想像，它們可以彼此溝通，可以傳遞訊息，可以為你療癒，可以傾聽你，可以當你的溝通師，它們也在傳播愛，傳播和平給地球的人類！

每年暑假，我們都會舉辦兒童心靈溝通課程，連續五天的兒童班課程，每次第一天課程的中午，我們會把所吃的便當剩下的米飯，當著小朋友面前分裝成三個透明玻璃瓶，然後用封條給它密封住。

第一個瓶子寫上讚美的話，譬如：你好棒、好漂亮、你是最優秀的……

第二個瓶子上面寫的是咒罵的話，譬如：你難吃、你好醜，討厭你……

第三個瓶子什麼都不寫。

我們把這三個瓶子公開的放在教室裡的木架子上面，跟小朋友說：「如果你們想罵人，就去罵那瓶欠罵的瓶子，拿起來對著它罵；如果你們想讚美人呢，就拿那瓶有寫讚美的話去讚美它；另外那瓶就不要理它了。」

置放五天後，最後一天就公開的把這三個瓶子拿出來，因為是夏天，那些米飯放了五天肯定已經發霉發臭了。小朋友從透明的瓶子裡，很明顯的可以看到：

被讚美的那瓶米飯，色澤很漂亮，而且沒有發霉發臭，打開瓶口，散發出來很香的味道。

可是被咒罵的那瓶，很明顯的可以看到，瓶口都還沒有打開，就看到裡面的米飯都已經呈現黑色，發霉了，瓶口打開之後，那個臭酸的味道釋溢出來，大家都不敢聞。

另外那瓶不讚美、不罵它的，顏色就沒什麼改變，沒有香味沒有臭味，就維持一般的現狀而已。

小朋友看到這個實驗之後，徹底明白了，往後他每次要吃飯或吃便當的時候，都會先跟那些食物說感恩它們，讚美它們，才開始用餐。

從這幾個實際的案例中，很明顯的可以看到，植物有它們的想法，有它們的情緒，這已經是很明確的事實，而我們用深層溝通的技術，讓每個學員或個案，深入去了解這些植物的想法，然後會發現，這些植物的想法有時候真的比人類淺薄所知還要偉大。人類一直以為自己才是萬物之靈，對於身邊這些物質實體存在，總認為理所當然，看不起這些植物動物，唯有讓人類好好與這些物質溝通之後，人類才能真正學習到何謂謙卑、柔軟，及眾生平等的觀念。

　　2012 年，地球上的人類將會有個重大的改變，這是一個很難得的蛻變與躍升的機緣。我們有幸躬逢其盛，既然要蛻變提升，那麼人類全體及地球，在此之前都要大掃除一番，近十年來從地球生態及災變的頻率來看，其實已經非常明顯了。接二連三巨大的天災在世界各地持續發生，地震、海嘯、火山爆發、水災、颶風、暴雪、乾旱、土石流、鳥類、魚類大量死亡，連不該發生地震的地方也地震，不會下雪的地區也下雪了，地球兩極在改變，全球氣候極端變化，雖然這些天災造成許多地區人類重大的傷亡及財物損失，但從另外一個角度看，非常明顯的是，地球透過這些現象，正在清理自己，正在淨化、改變與蛻變。

　　既然如此，我們人類全體是否也要跟著蛻變，以符合地球的蛻變頻率？答案是肯定的。其實目前人類已經進入與地球一樣的蛻變週期，許多國家的人民集體被喚醒，如埃及、葉門、利比亞等，全球經濟結構也發生重大的變革，各地的天災人禍不斷持續發生，一次又一次的在喚醒人類集體意識，人類的疾病狀態也因此特別多。

　　別忘了人類與地球是一體的，地球一年有 365 天，人

體身上有 365 個穴位，一年有 12 個月份，人體有 12 條
經脈，一年有 24 個節氣，人體脊椎有 24 節，地球有
70％的水，人體也是，地球的水大部分是鹹的，人體的
血液、尿液、眼淚都是鹹的，這些巧合在在證明了人類與
地球是一體的，無法切割。人類該如何面對此一蛻變週
期，該如何面對自己，療癒自己的內在？

唯有把我們內心的恐懼、罣礙、煩惱、無明
等各種心靈種子一一清理掉！使自己處在當
下，更加清明，完全覺悟，同時也透過了解萬物存在的原
理，生命存在的意義，因果循環的法則，內觀自己，了解
外在的一切顯像，都是來自於我們內心的投射。

　破除二元對立的觀點，徹底明白大家都是一體的，沒
有分別，人應負起萬物之靈的責任，與萬物和諧共存，並
致力於維護地球上的動植物，讓它們也有和人類一樣的永
續生存的權利，如此人類才能真正的覺醒與蛻變，進而迎
接地球美妙新紀元的到來。

國家圖書館出版品預行編目（CIP）資料

深層溝通：與靈魂對話 / 林顯宗作.-- 初版.--
臺北市：大塊文化, 2012.07
面；　公分.-- (care ; 20)
ISBN 978–986–213–344–6（平裝）

1.心靈學　2.心靈感應

175.9　　　　101010992

CARE

Good Care ,
Good Living

CARE
Good Care ,
Good Living